山东网络视听蓝皮书（2023）

山东省广播电视局　山东大学新闻传播学院　编

山东大学出版社
SHANDONG UNIVERSITY PRESS
·济南·

图书在版编目(CIP)数据

山东网络视听蓝皮书. 2023 / 山东省广播电视局，山东大学新闻传播学院编. -- 济南 ：山东大学出版社，2025. 1. -- ISBN 978-7-5607-8569-1

Ⅰ. G206.2

中国国家版本馆 CIP 数据核字第 2025UK7418 号

策划编辑　刘彤
责任编辑　董戈
封面设计　杨波

山东网络视听蓝皮书(2023)
SHANDONG WANGLUO SHITING LANPISHU (2023)

出版发行　山东大学出版社
社　　址　山东省济南市山大南路 20 号
邮政编码　250100
发行热线　(0531)88363008
经　　销　新华书店
印　　刷　济南乾丰云印刷科技有限公司
规　　格　720 毫米×1000 毫米　1/16
　　　　　11.25 印张　183 千字
版　　次　2025 年 1 月第 1 版
印　　次　2025 年 1 月第 1 次印刷
定　　价　49.00 元

《山东网络视听蓝皮书(2023)》
编委员

目　录

第一章 综 述

随着信息技术的飞速发展和互联网的广泛普及，网络视听行业已经成为信息传播的关键领域和公众消费文化内容的重要渠道，并在社会文化生活中占据越来越重要的地位。2023年，山东省网络视听产业取得了显著成就，通过积极拥抱新技术、新应用、新场景和新业态，不仅充分利用了大数据、云计算、人工智能等新技术，还积极探索了虚拟现实（VR）/增强现实（AR）、超高清视频、互动直播等前沿应用，为公众带来了更加丰富多元、沉浸式的视听体验，极大地满足了人民群众日益增长的精神文化需求，也有效提升了网络视听内容的文化内涵与艺术价值，为山东省乃至全国的文化产业繁荣贡献了重要力量。本章致力于全面客观地反映山东省网络视听行业的发展状况，聚焦行业发展的新任务和新要求。本章通过深入调研山东省内的主要网络视听机构，结合政策、经济、社会和技术四大关键发展背景，呈现山东省网络视听行业内部的整体特点，并分析其现存问题与未来发展趋势，旨在为政策制定者和企业管理者提供参考，帮助他们洞悉行业脉动，制定具有前瞻性的政策和战略规划。在此基础上，期望能够为网络视听行业的持续、健康和创新发展提供坚实的支撑，助力其在数字经济的大潮中乘风破浪，贡献行业力量。

一、发展背景

（一）政策引领网络视听行业蓬勃发展

近年来，山东省作为文化大省，网络视听行业蓬勃发展，精品佳作不断涌现,取得的丰硕成果离不开相关部门所出台的相关政策。这些政策不仅推动了网络视听行业的繁荣,还为网络视听研究领域的深入探索与未来发展树立了标杆。

1.山东省人民政府工作报告强调加快应急广播体系建设的任务

2023年1月13日,山东省人民政府工作报告强调加快5G、千兆光网、数据中心等建设应用。在今后五年的目标任务中的第三部分"聚力文化强省'两创'引领,推动社会文明程度实现新跃升"中提到,提升全媒体传播能力和网络综合治理水平,繁荣发展文化事业和文化产业。①

此项政策体现了山东省人民政府在促进文化传承与发展、加强应急管理建设以及推动文化产业发展方面的决心和措施。政府致力于提升民生福祉,这意味着政府将进一步支持相关产业的发展,促进文化产业的繁荣,同时也有望提升人们的文化素养和娱乐享受水平,推动经济社会的全面发展。

2.山东省电影局规划"十四五"电影发展

《山东省"十四五"电影发展规划》明确了到2025年的发展目标,旨在推动山东电影产业持续健康发展。其核心目标包括提升精品创作能力、促进电影市场繁荣、完善电影产业体系、优化电影公益放映、提升电影的国际传播力和影响力、加强高端电影人才队伍建设、健全政策法规体系。② 通过不懈努力,山东将努力保证每年创作多部具有一定影响力的影片,促进城乡影院全面发展,培育龙头企业,加强国际影响力,完善产业链条,提升人才水平,加强规范管理,助力山东成为中国电影产业新的最具活力的区域之一。

3.山东省广播电视局部署八项重点任务

《山东省广播电视和网络视听"十四五"发展规划》以习近平新时代中国特色社会主义思想为指导,全面贯彻党的十九大和十九届二中、三中、四中、五中、六中全会精神,深入落实习近平总书记关于宣传思想工作的重要论述和对山东工作的重要指示要求,结合我省广播电视和网络视听发展实际,提

---

① 政府工作报告——2023年1月13日在山东省第十四届人民代表大会第一次会议上[N].大众日报,2023-01-21(03).

② 山东省电影局关于印发《山东省"十四五"电影发展规划》的通知[EB/OL].(2022-01-17)[2024-03-01].https://www.sdxc.gov.cn/xwcb/dygl/202201/t20220117_9704957.htm.

出了八个重点任务。[①] 任务涵盖了舆论引导、创作生产、融合发展、行业治理、公共服务、科技赋能、产业布局以及人才建设等多个方面。其中,重点强调了加强主流舆论引导、推动重大主题宣传、创新宣传方式、建设新型传播平台等举措。同时,也提出了繁荣精品生产、突破网络视听节目、拓宽内容传播渠道的具体措施。此外,深化融合发展、健全现代化治理体系、推动广播电视广泛覆盖、加强智力建设等方面也都有明确的规划。这些举措有助于构建新的舆论引导格局,推动行业持续健康发展。

(二)经济驱动网络视听行业转型升级

2023 年作为实施“十四五”规划承前启后的关键一年,全省经济运行局势有所好转,经济总体上呈现回升趋势,山东省网络视听行业在经济复苏的大背景下迎来了新的发展契机。

1.2023 年山东省经济回升向好

2023 年,山东省各部门以习近平新时代中国特色社会主义思想为指导,切实贯彻习近平总书记对山东工作的重要指示要求和党中央的决策部署,全省上下通力合作、坚定信心,高效统筹疫情防控与经济社会发展,实现了山东省主要经济指标增速持续向好,持续巩固经济总体回升向好的发展态势,在稳大盘运行中作出了经济大省应有的贡献。

《2023 年山东省国民经济和社会发展统计公报》显示,2023 年山东省经济运行稳中有进,全年实现地区生产总值 92068.7 亿元,比 2022 年增长 6.0%。其中,第一产业增加值 6506.2 亿元,增长 4.5%;第二产业增加值 35987.9 亿元,增长 6.5%;第三产业增加值 49574.6 亿元,增长 5.8%。三次产业结构为 7.1∶39.1∶53.8。[②] 在过去的一年中,山东省迎难而上,面对错综复杂的外部环境和繁重的改革发展稳定任务,以务实精准之策推动各项工作,深知稳健发展是实现高质量跃升的必由之路,为山东省未来发展构筑了坚实的基石。

---

① 山东省人民政府.山东省广播电视和网络视听“十四五”发展规划[EB/OL].(2022-12-30)[2024-03-01].http://www.shandong.gov.cn/art/2022/12/30/art_307622_10331929.html? from=singlemessage.

② 2023 年山东省国民经济和社会发展统计公报[EB/OL].(2024-03-03)[2024-03-30].http://www.shandong.gov.cn/art/2024/3/3/art_305196_10347730.html? xxgkhide=1.

2.数字经济赋能山东省高质量发展

打造数字中国是推动中国进入数字时代、实现中国式现代化的重要力量,也是构建国家竞争新优势的关键支柱。党的二十大报告就加快建设"网络强国""数字中国"作出重大部署,习近平总书记强调要加快发展数字经济,从而建设具备国际竞争力的数字产业集群。促进数字经济的发展已成为推动中国式现代化的重要动力。

国家数据局会同有关单位系统总结2023年数字中国建设重要进展和工作成效,编写完成了《数字中国发展报告(2023年)》。报告指出,2023年数字中国建设总体呈现发展基础更加夯实、赋能效应更加凸显、数字安全和治理体系更加完善、数字领域国际合作更加深入等四方面特点。数字经济保持稳健增长,数字经济核心产业增加值占GDP比重达到10%左右;累计建成62家"灯塔工厂",占全球总数的40%;连续11年成为全球第一大网络零售市场。数字社会更加普惠可及,网民规模达到10.92亿。[①] 政府着力夯实数字底座,全面赋能转型发展,持续提升关键能力,不断优化发展环境,深度挖掘数据要素潜在价值,积极培育新质生产力,助力数字中国建设迈出新步伐。

数字城市是数字经济竞争力研究的重要对象之一,赛迪顾问以"五维"模型为基础,重构数字经济的研究指标体系,量化评价得出《2023中国城市数字经济发展研究报告》。2023年数字百强市中,山东青岛、济南、烟台、潍坊、临沂、威海、淄博、德州、菏泽、济宁、聊城、滨州、泰安、东营、日照等15市上榜,山东成为入选数字百强市最多的省份。[②] 由此可见,山东省在数字城市建设和数字经济发展方面取得了显著成效,成为全国数字经济发展的重要引领者和集聚地。这些城市的上榜不仅展示了山东省在数字经济领域的实力和竞争力,而且进一步证实了山东省在推动数字化转型和创新发展方面所取得的积极成果。

---

① 许维娜.国家数据局:2023年数字中国建设取得积极进展 总体发展呈现四方面特点[EB/OL].(2024-05-27)[2024-07-01].https://www.cac.gov.cn/2024-05/27/c_1718487050712431.htm.

② 赛迪顾问.《2023中国城市数字经济发展研究报告》正式发布[EB/OL].(2023-12-27)[2024-07-01].https://mp.weixin.qq.com/s/Z3Cl-WoTPgSCC0q0vR5H1A.

(三)社会助推网络视听行业媒体变革

网络视听在社会层面的发展不仅是单一的媒体变革,更是一场深刻的社会变革。网络视听媒体的兴起催生了新的文化形态和价值观念,为文化创意产业的发展注入了新的动力。在社会层面,互联网用户的广泛使用以及山东省广播电视和网络视听产业的高速发展深刻影响着网络视听行业媒体变革。

1.网民规模不断扩大,互联网普及率增高

第52次《中国互联网络发展状况统计报告》显示,截至2023年6月,我国网民达10.79亿,较2022年12月增长1109万,互联网普及率达76.4%。由此可见,网民规模持续增长,为我国网络视听行业的蓬勃发展提供了有力支撑。2023年上半年,我国各类互联网应用持续发展,多类应用用户规模获得一定程度的增长。一是即时通信、网络视频、短视频的用户规模仍稳居前三。截至2023年6月,即时通信、网络视频用户分别达10.47亿、10.44亿,分别占网民整体的97.1%、96.8%,其中短视频用户达10.26亿,占网民整体的95.2%。[①] 这表明,在互联网技术和内容持续创新的推动下,这些应用持续吸引用户,并且保持了稳定的用户基础。

2.山东省网络视听行业有新突破

2023年,山东省广播电视和网络视听行业精品创作、产业发展等取得新突破,全省实现广播电视和网络视听总收入296.57亿元,较2022年增加55.58亿元,同比增长23.06%。实现创收210.22亿元,较2022年增加41.95亿元,同比增长24.93%,创收首次突破200亿元。财政补助收入44.17亿元,同比增长1.83%。传统主业稳步发展,网络视听业务高速增长,整体产业发展态势良好。截至2023年年底,全省广播节目综合人口覆盖率达99.69%,电视节目综合人口覆盖率达99.73%,分别较2022年提高了0.03个和0.02个百分点。全省播出机构电视频道基本实现高清化,其中省、市级播出机构全部实现高清化,县级融媒体中心电视频道高清化率已达到95%。已建成省、市、县级应急广播平台188个,部署应急广播终端

① 中国互联网络信息中心.第52次《中国互联网络发展状况统计报告》[EB/OL].(2023-08-28)[2024-07-01].https://www.cnnic.cn/n4/2023/0828/c88-10829.html.

24.27 万个,基本实现了行政村(街道、社区)全覆盖。① 山东省广播电视和网络视听行业具有强劲发展势头,突显了该行业在数字化时代的适应能力和创新能力,预示着未来将有更广阔的发展空间和更丰富的发展前景。广大山东省民众已经在广播和电视领域享受到了广泛、高质量的服务。

(四)技术赋能网络视听行业创新发展

山东网络视听行业的发展与技术密切相关。网络视听行业不断创新,利用新技术、新应用和新场景来丰富内容、提升用户体验。山东省的网络视听行业也在积极应用技术创新,满足用户多样化的需求。技术层面的发展与山东网络视听行业的发展息息相关,技术的不断创新和应用将为山东网络视听行业带来更加广阔的发展前景。

1.强化技术指导

2023 年 9 月 6—7 日,2023 年山东省广播电视技术能手竞赛暨 2023 年(第 28 届)全国广播电视技术能手竞赛预选赛(山东赛区)在济南举办。9 月 6 日上午,举行赛前培训开班仪式。本次竞赛分为监测监管、有线网络和网络安全 3 个专业,全省各级广电系统 150 余名技术骨干报名参加。山东省广播电视局还邀请国家广播电视总局广播电视科学研究院、规划院相关专家教授就基础理论知识及实操专业知识进行赛前培训。② 这次培训不仅为参赛选手提供了深入学习和交流的平台,而且进一步提升了他们的专业水平和竞赛技能,为山东省网络视听行业培养了新骨干,以此推动行业发展。

2.网络视听技术创新应用新亮点

网络视听行业作为影视文艺的新兴力量,不断借助新技术、新应用、新场景以及新业态等手段,为内容赋能。在数字化时代的推动下,网络视听行业不断创新,积极探索新的表现形式和创作方式,以满足用户日益增长的多样化需求。2022—2023 年,山东省网络视听行业顺应当下新信息技术与产

---

① 山东省广播电视局.2023 年山东省广播电视和网络视听统计公报[EB/OL].(2024-05-30)[2024-07-01]. http://gd. shandong. gov. cn/articles/ch06279/202405/344aebf5-95b3-416b-ace3-ff1a8838afcf.shtml.

② 山东省广电电视局.2023 年山东省广播电视技术能手竞赛暨 2023 年(第 28 届)全国广播电视技术能手竞赛预选赛(山东赛区)活动举办[EB/OL].(2023-09-13)[2024-07-01].http://gd.shandong.gov.cn/articles/ch02360/202309/d21d31d9-6d3d-4bb1-bd29-17850d586c96.shtml.

业发展的浪潮，既推动了行业自身的持续繁荣，也为广大用户提供了更加丰富、便捷、个性化的视听体验，促进了数字化时代的社会进步与文化繁荣。2023 年，我省在国家广播电视总局举办的第三届广播电视和网络视听人工智能应用创新大赛以及第三届高新视频创新应用大赛中表现突出，共有 15 个项目荣获奖项。这一成绩不仅创造了历届最多的获奖总数，而且取得了一等奖总数历届最多的优异成绩。

【案例一】

山东广播电视台超写实数字主持人海蓝①

——山东广播电视台、山东一千河数字科技有限公司、山东广播电视台元宇宙创新实验室

一、项目背景

“齐风鲁韵，岱青海蓝”，山东广播电视台超写实数字主持人海蓝的名字由此而来，是底蕴深厚的齐鲁文化与最先进的数字人科技融合而生的结晶。

面对国家数字化发展新需要，山东广播电视台元宇宙创新实验室整合行业头部技术，创造性地将数字人海蓝与 4K 大屏显示终端进行绑定，制作出可应用于各种行业场景的多模态“数字人智能终端”。该项目集成了人工智能、自然语言处理和机器学习等先进技术，具备丰富的数字人驱动、展示应用。它基于超写实数字人生成与驱动技术，通过 3D 建模、渲染、AI（人工智能）生成等方式生成超写实数字人海蓝的资产，利用图像识别、语音识别与合成、语义理解等 AI 技术，同时借助大语言模型，让海蓝具备实时的智能人机交互功能。

二、场景应用

作为国内首位登上省级新闻联播的数字主持人，目前超写实数字人海蓝已全面应用于各领域内容生产工作当中。

2023 年，海蓝现身山东广播电视台全国“两会”元宇宙直播间，对话全国人大代表杨朝明。海蓝手语播报系统广泛应用在闪电新闻直播间、2024 年

① 山东省广播电视局.2023 年山东省广电行业科技创新案例系列之《山东广播电视台超写实数字主持人海蓝》[EB/OL].（2024-02-26）[2024-07-01]. http://gd.shandong.gov.cn/articles/ch02364/202402/0cfd7259-cfce-475d-8fd5-701257f1fb4c.shtml.

山东省“两会”手语解读。

山东广播电视台“数字人智能终端”能够适配多种应用场景，包含新闻媒体、行政审批系统、医疗行业、公检法系统、商场商业系统、银行保险业系统、文旅系统等多种带有窗口服务场景的行业。海蓝还承接了山东省自然资源厅山东省森林防火公益大使、山东省住房和城乡建设厅山东省绿色建筑与建筑节能新技术产品博览会形象大使、山东省科学技术厅首届中国双碳技术大会 AI 推广员等多个代言。

【案例二】

基于多模态面部动作单元驱动的人脸合成技术[①]

——青岛市广播电视台、中国科学院大学

一、项目背景

在文化强国战略的引领下，人工智能技术与文化产业深度融合，催生出了以人脸合成技术为代表的众多视听新技术和新应用，为我国文化娱乐媒体等产业的发展注入了新的动能。中国科学院大学与青岛市广播电视台以推动 AI 赋能媒体融合发展为目标，成立联合项目团队，采用深度学习、计算机视觉和自然语言处理等人工智能技术，研究并实现了基于多模态面部动作单元驱动的人脸合成技术。人脸合成算法已成功部署应用到青岛市广播电视台、快手、“看了吗”等视听平台，用以在短视频制作、直播交互过程中替换目标人脸。项目成果关键技术已初步应用于短视频制作、网络直播及表情监测等场景，产生了良好的社会效益和经济效益。

二、技术创新点

(一)AU(面部动作单元)强度感知的人脸合成技术。本项目结合 AU 辅助人脸合成技术，将面部表情分解成多个不同的动作单元，通过对这些动作单元的控制，模型可以生成丰富多样的面部表情，并可以更加准确地识别不同人脸的表情变化，提高了人脸生成技术的表现力和逼真度。

---

① 山东省广播电视局.2023 年山东省广电行业科技创新案例系列之《基于多模态面部动作单元驱动的人脸合成技术》[EB/OL].(2024-02-27)[2024-07-01].http://gd.shandong.gov.cn/articles/ch02364/202402/b924d579-125e-43fb-9071-38c93f490e0d.shtml.

（二）基于多模态信息的AU强化技术。本项目创新性地尝试结合音频信号进行AU参数的量化。首先，部分面部活动可以从音频通道中提取推断出来，比如语言、声音与面部下方的嘴部相关AU之间具有很强的关系；其次，有研究表明，人在说话时其眉毛的运动与声音的基本频率具有相关性，而作为最小语音单位的音素，可通过声带与AU组合激活来发音。

（三）多模态人脸合成技术。本项目使用了基于图像驱动和基于语音驱动混合的方法。图像驱动方法能有效处理头部姿态，通过使用可学习的人脸关键点与3DMM参数，将驱动视频中的人物头部动作迁移到目标人物图片上；语音驱动方法可以使人物嘴部动作更加连贯，确保了口型同步的质量，进一步提高了合成效果。

二、发展现状

全省网络视听行业蓬勃发展，广播电视和网络视听行业呈现稳中向好、逐年增长态势，2023年全省实现广播电视和网络视听总收入296.57亿元，较2022年增加55.58亿元，同比增长23.06%。[①] 2016年8月，山东广电传媒集团有限公司挂牌成立，成为省管国有大型文化企业，与山东广播电视台实行一体化运营，集团现拥有在营全资及控股企业25家、员工1800余人。自2017年1月1日正式实体化运作以来，累计实现经营收入126.89亿元，净利润24.55亿元，缴纳税费8.76亿元，上缴国有资本经营收益1.90亿元，资产总规模达145亿元。2023年，实现经营总收入18.44亿元，净利润4.04亿元。2023年6月，海看股份在深圳证券交易所创业板挂牌上市，募集资金12.6亿元，超募3.2亿元，成为注册制下首家上市的IPTV（网络电视）集成播控运营公司，实现了山东广播电视台在资本市场的历史性突破，标志着山东广电传媒集团发展进入新阶段。[②]

① 山东省广播电视局.2023年山东省广播电视和网络视听统计公报[EB/OL].（2024-05-30）[2024-07-01]. http://gd. shandong. gov. cn/articles/ch06279/202405/344aebf5-95b3-416b-ace3-ff1a8838afcf.shtml.

② 栀之.去年总收入18.44亿元，今年山东广电传媒集团打算怎么干？[EB/OL].（2024-02-28）[2024-07-01].https://mp.weixin.qq.com/s/26HT1pCoj-n1MkvM9V0yEA.

(一)顶层驱动,塑造主流舆论新格局

党的十八大以来,以习近平同志为核心的党中央对视听新产业发展问题的必要性和迫切性进行了深入、系统的论述。2023年,全国广电行业坚持以习近平新时代中国特色社会主义思想为指导,全面贯彻党的二十大精神,深入学习贯彻习近平文化思想,贯彻落实习近平总书记关于广电工作的重要指示批示精神,深刻领悟"两个确立"的决定性意义,增强"四个意识"、坚定"四个自信"、做到"两个维护",履职尽责、担当作为、攻坚克难,有力服务了党和国家工作大局。山东广播电视台作为山东省的主流舆论阵地,始终坚持以习近平新时代中国特色社会主义思想为指导,坚持以内容建设为基础,推动全省网络视听发展取得新成效。2023年,山东广播电视台统筹充分发挥示范作用,创新宣传管理机制,在政策引领与理论实践的进一步创新下,做好主题教育宣传,让主旋律与正能量充分主导视听媒介空间,开设"学思想　强党性　重实践　建新功"专栏,发布相关稿件3000余篇,全网总阅读量超4亿次;组织开展"新时代　新征程　新伟业"主题采访活动;策划推出"走文化廊道　进经济园区　看山东高质量发展"主题采访活动直播特别节目,总传播量突破6亿次。[①]

在一系列国家顶层设计之下的战略布局,2023年山东省广播电视局共印发省网络视听相关规范性文件3份,主动公开3份,公开率达100%,制定的其他公开文件全部在20个工作日内公开,为山东省新时代媒体融合发展指明了发展方向。其中,《关于进一步加强局网站和政务新媒体信息发布管理工作的通知》就政务公开内容发布、审核把关、发布纪律、监督管理提出了明确要求,进一步提高了信息发布质量,确保了信息发布准确、安全、有效。[②]以此顺势应变、科学求变进行全新产业布局,推动融媒体时代全新媒介内容、媒介产品、媒介功能的产业布局,新型主流媒体建设步伐显著增快,进一步巩固思想基础与理论根基。同时,新闻宣传需要坚持以人民为中心,巩固

---

① "2024新春系列谈"之五 | 山东广电:2024年,山东广电全要素进入新媒体[EB/OL].(2024-02-29)[2024-07-01].http://news.sohu.com/a/760996525_99994436.

② 山东省广播电视局.山东省广播电视局2023年政府信息公开工作年度报告[EB/OL].(2024-01-26)[2024-07-01]. http://gd. shandong. gov. cn/articles/ch06268/202401/8431e2fd-4aa6-48aa-9965-4ae92b1ce0e1mobile.shtml.

壮大奋进新时代的主流思想舆论。习近平总书记强调:“要坚持党性和人民性相统一,把党的理论和路线方针政策变成人民群众的自觉行动,及时把人民群众创造的经验和面临的实际情况反映出来,丰富人民精神世界,增强人民精神力量。”[①]山东省网络视听行业准确客观、建设性开展舆论监督,《问政山东》全年共播出21期,解决150多个具体问题,“网络问政”解决3.92万个群众“急难愁盼”问题。[②] 坚持开拓宣传思想文化领域的新境界,必须坚持以习近平文化思想为指导,努力加强、扩大新时代主流思想和舆论的影响力,关键是要重视增强正面宣传的力度,以提升舆论引导的效能。

(二)跨界融合,健全产业链生态

2020年9月,《关于加快推进媒体深度融合发展的指导意见》指明我国媒体深度融合的发展方向,媒体融合实践也由初期的“相加”逐步过渡到“相融”,逐步实现了由表及里、由点到面的全方位发展。媒体融合的浪潮已经深刻改变了传统传媒行业的面貌,带来了更加多元和复杂的业务模式。全国各地媒体融合实践开始从“相加”迈向“相融”,原有的相对封闭且单一的产业模式不再适应新的市场需求,正被一种更开放、互联互通的模式所取代。各传统媒体与新兴媒体形态之间开始多元协同,共同建立全媒体融合传播矩阵、打造媒体融合产品等,不断践行着“实现各种媒介资源、生产要素有效整合,实现信息内容、技术应用、平台终端、管理手段共融互通,催化融合质变,放大一体效能,打造一批具有强大影响力、竞争力的新型主流媒体”[③]的战略理念。跨界融合不仅促进了产业间的融合与创新,而且为各类媒体内容的生产、分发和消费提供了新的可能性。

近年来,山东网络视听行业面对媒体环境的快速变化和技术进步,采取了前瞻性的策略,认真落实国家广播电视总局《关于加快推进广播电视媒体深度融合发展的意见》和《山东省广播电视媒体融合发展三年行动计划(2021—2023年)》,主动进行结构调整和业务转型,尤其在新闻客户端融合环节中,

---

① 习近平.习近平谈治国理政:第二卷[M].北京:外文出版社,2017:332.

② “2024新春系列谈”之五 | 山东广电:2024年,山东广电全要素进入新媒体[EB/OL].(2024-02-29)[2024-07-01].http://news.sohu.com/a/760996525_99994436.

③ 中央网络安全和信息化委员会办公室.习近平总书记关于网络强国的重要思想概论[M].北京:人民出版社,2023:68.

聚力集合资源,满足用户在不同媒介的内容需求。2023 年,闪电新闻客户端下载量达 1.056 亿次,闪电大平台注册用户 1.017 亿,闪电矩阵全网日均流量 1.24 亿次,日活用户达 127 万,日均发稿量超 5000 条,闪电新闻短视频账号全网阅读量超 190 亿次,影响力稳居山东媒体榜首。自 2014 年媒介融合上升至国家战略以来,山东省网络视听行业积极推动媒介融合纵深发展,由此可见,跨界大融合趋势势不可挡。闪电 MCN-Lightning TV 旗下账号总播放量达 2544 亿次,总粉丝量超 1.6 亿;星空 MCN 旗下账号总播放量 6300 亿次,总粉丝量超 5600 万;培育“闪电新闻”“山东卫视”“齐鲁频道”“生活帮”“一切为了群众”等 5 个全网粉丝量过千万大号。① 跨界有利于实现资源优化配置,更是对整个组织生产力的全面革新,旨在通过引入和培养新质生产力,将自身打造成一个集全媒体内容生产、多方位服务提供以及完整产业链运营于一体的综合服务平台。除了体现在新闻客户端外,影视产业在跨界融合的潮流之下,同样需要融创“新势力”。目前,全省影视制作机构达 2000 多家,闪电新闻、海报新闻、山东有线享 TV、果然视频、天下泉城、蓝睛、新黄河等网络新媒体平台快速壮大,古麦嘉禾、贝壳视频成长为国内头部 MCN(多频道网络)机构,产业活力进一步激发,动能更加强劲。中国广电·青岛 5G 高新视频实验园区成功落地,快速发展,签约引进高新视频产业企业及机构 100 余家,向具有重要国际影响力的高新视频产业示范区稳步迈进。② 此外,优酷全资子公司乐酷匠心(济南)影视文化有限公司落地济南。这是继爱奇艺在济南落地后,国内又一个视听平台巨头在山东落地。③ 当然,山东省网络视听行业重视凝聚学界与业界两股力量,坚持实践性与理论性相结合传递网络视听文化,成立山东省网络视听节目服务行业协会高校专业委员会,与山东大学共建山东视听发展研究中心,办好博士后科研工作站和

---

① “2024 新春系列谈”之五 | 山东广电:2024 年,山东广电全要素进入新媒体[EB/OL].(2024-02-29)[2024-07-01].http://news.sohu.com/a/760996525_99994436.

② 山东省广播电视局.文字实录丨介绍 2023 年中国网络视听精品创作峰会情况[EB/OL].(2023-08-16)[2024-07-01].http://gd.shandong.gov.cn/articles/ch07319/202308/8d101444-be2f-4234-9dc1-4a79037006d6mobile.shtml.

③ 闪电新闻.优酷全资子公司在济南成功落地[EB/OL].(2023-03-15)[2024-07-01].https://baijiahao.baidu.com/s?id=1760419152478662919&wfr=spider&for=pc.

《现代视听》刊物。[①] 山东省网络视听行业完美实现业界与学界共振，推动了行业的发展，也为新业态媒介融合与跨界融合理论体系的再出发，共建具有强大影响力、传播力的传播矩阵打下了坚实的基础。

（三）技术赋能，产品提质增效

在智能时代，技术的进步不仅是持续的，而且以前所未有的速度推动着产业的迭代和更新。从内容制作的工艺到生产的效率，再到美学风格的演变，每一次技术的升级和革新都带来了深远的影响。2023 年，在技术高速演进的大趋势下，广电视听价值链、产业链在与相关行业深度融合和相互赋能中，上下拓展、纵横延伸，呈现饱满张力，蕴含无限潜能。技术创新牵引广电行业技术底座和技术手段、技术应用转型升级，拉动广电视听全链条加速提质增效。各级广播电视台持续深化“5G＋4K/8K＋AI”战略布局，以 5G、AI、VR、XR（扩展现实）、MR（混合现实）等前沿科技为依托，大量启用虚拟主播，积极布局元宇宙新赛道，不断提升新闻报道、文艺节目的传播效果和观看体验。“ChatGPT”“AIGC”（生成式人工智能）成为热词，在内容创作生产和虚拟现实等细分场景中拥有广泛应用前景，大视听或将迎来新一轮技术驱动的行业全面升级。同时，高清、超高清视频制播技术加快发展，带动整个大产业。一边是技术不断创新升级，一边是用户需求有待开发，两者相互赋能，共同推动传播与消费的融合进路，其间即广电视听作为的巨大空间，这为大视听未来发展积聚了无限可能。[②] 随着 2023 年的到来，视听技术发展迈向新阶段，呈现融合演进、数智赋能、虚实共生的发展态势。[③] 2023 年 12 月，国家数据局等部门联合印发《“数据要素×”三年行动计划（2024—2026 年）》，提出“挖掘文化数据价值，贯通各类文化机构数据中心，关联形成中华文化数据库，鼓励依托市场化机制开发文化大模型”。此阶段的网络视听行业不仅仅是适应了新一代信息技术革命和产业变革的浪潮，更是在创作生产、传播分发以

---

① 山东省人民政府.介绍 2023 年中国网络视听精品创作峰会情况[EB/OL].(2023-08-16)[2024-07-01].http://www.shandong.gov.cn/vipchat1/home/site/82/4213/article.html.

② 邱娟.2023 广播电视和网络视听行业回眸：勇担当　有作为　提效能[EB/OL].(2023-12-29)[2024-07-01].http://www.cnci.net.cn/content/2023-12/29/content_30669539.htm.

③ 赵京文.网络视听技术创新应用亮点[EB/OL].(2024-01-22)[2024-07-01].https://mp.weixin.qq.com/s/kg6i7YAbDwr3-hZLWM-YfQ.

及呈现体验的每一个环节迈出了坚实的步伐。

2023年被称为"AIGC元年",山东广电传媒集团下属企业自主研发的AI内容审核系统荣获2023年度王选新闻科学技术奖,26讯道5G+4K全IP架构旗舰转播车项目荣获2023年度王选新闻科学技术奖二等奖;同时,AI应用产品"章鱼智画""章鱼智作"研发上线;山东网络视听行业工业化进程不断提速,不仅预示着数字技术的未来方向,更体现了人工智能技术加快推进行业全链条的智能化再造,技术进步深刻地影响着社会的每一个层面,开启了一个全新的、充满无限可能性的时代,视听体验不断优化。同时,山东网络视听行业通过不断借鉴学习,将大数据、VR、AR、元宇宙等智能技术不断引入融媒体时代内容生产环节,研发并推出超写实数字人海蓝、岱青、苏小妹,其中,超写实数字主持人海蓝是山东广播电视台推出的首个超写实数字主持人,也是山东广播电视台首位女性数字主持人,曾亮相主持《山东新闻联播》等节目,该项目获国家广播电视总局第三届广播电视和网络视听人工智能应用创新大赛一等奖。以此实现内容生产模式创新、产品供给样态创新、媒介服务功能创新,不断打造多样态、可视化、沉浸式的产品内容,持续满足公众的信息需求和文化需求。除此之外,不断借助融媒体时代技术的融合优势增强文化服务共同生产能力,山东春晚超高清IP化录制应用项目获国家广播电视总局第三届高新视频创新应用大赛二等奖,参与外省广电融媒体平台建设项目,实现山东广播电视台对外技术输出的历史性突破,从而提供更多优质的网络视听文化产品或服务。

(四)文化"两创",驱动内容转型

习近平总书记强调:"要坚定文化自信,推动中华优秀传统文化创造性转化、创新性发展,继承革命文化,发展社会主义先进文化,不断铸就中华文化新辉煌,建设社会主义文化强国。"[①]习近平总书记对山东文化"两创"工作寄予关心与厚望。2013年11月,习近平总书记在山东曲阜考察时,发出大力弘扬中华优秀传统文化的号召。山东省印发的《关于打造中华优秀传统文化"两创"新标杆行动计划(2022—2025年)》意味着山东省文化"两创"工作全面起势,聚力打造交流互鉴新标杆,推动中华文化成为世界文明对话的

① 习近平.习近平谈治国理政:第四卷[M].北京:外文出版社,2022:309.

重要力量。[①] 网络视听行业是文化传播与引领的重要力量，山东省对于文化的传递不仅体现在电视剧、综艺节目、纪录片等传统领域，还体现在短视频、网络剧、网络综艺等新兴领域。2023 年，《“无钢”济钢重返 500 强》《一管污水“排”出两种作风》等 13 件作品荣获中国新闻奖、中国广播电视大奖，获奖数量创历年新高，《黄河文化大会》《中国礼 中国乐》获评国家广播电视总局 2022 年度广播电视创新创优节目。全年共有 22 部网络视听作品获国家广播电视总局推优扶持，其中网络剧《云襄传》《不完美受害人》、网络电影《中国青年：我和我的青春》、网络动画片《无脑魔女》(第一季)、网络纪录片《雪域那一抹绿》《生声不息：黄河的咏叹》等在各大平台和卫视热播，实现票房分账和收视口碑“双丰收”。网络视听节目题材多样、精品涌现，“网络鲁剧”品牌进一步擦亮。[②]

2022—2023 年，网络视听从“流量时代”迈向“存量时代”，在激烈的市场竞争中，电视剧、纪录片、短视频等领域的内容题材变得日益多样化，激发创作者不断丰富创作内容，呈现明显的“去中心化”的特征与趋势。身处信息爆炸时代，用户逐渐对泛娱乐化的内容疲劳，且当文化知识储备难以增长时，用户便开始主动寻找文化知识相关的内容弥补空缺，于是，文化知识类的视听内容更加引发受众青睐。同时，网络视听行业的内容创作者通过长期的探索和实践，逐渐深入了解了平台的推荐算法及观众的兴趣偏好。创作者们开始专注于特定的细分领域，推进内容创作向精细化和个性化的方向发展，旨在更精确地迎合用户的需求。

山东网络视听产业深耕人文沃土，以媒介实践形式强有力地推进文化“两创”的落实工作，文化节目成功实现从“传播”到“传承”，从“出圈”到“爆火”的转变。纪录片作为纪实创作的影像方式，对历史和文化进行记录和呈现。山东网络视听行业在纪录片创作中，践行文化“两创”内涵，呈现“山东文脉”，创作出一批具有文化意义与历史价值的影像佳作，如《大河之洲》《大泰山》《筑梦百年》《派兵去山东》《武梁祠》《大汶口》《灭风者》《齐风鲁韵》等。2023 年，山

① 赵琳.平台崛起，筑牢文化“两创”硬核支撑[N].大众日报，2022-12-08(02).

② 山东省广播电视局.2023 年山东省广播电视和网络视听统计公报[EB/OL].(2024-05-30)[2024-07-01]. http://gd.shandong.gov.cn/articles/ch06279/202405/344aebf5-95b3-416b-ace3-ff1a8838afcf.shtml.

东广播电视台共有四档节目入选国家广播电视总局组织的2023年“中华文化广播电视传播工程”,山东成为入选该项目较多的省份之一,包含《戏宇宙》(第二季)、《超级语文课》(第二季)、《黄河文化大会》(第二季)、《中国礼　中国乐》(第二季)。山东广播电视台始终积极坚守工匠精神,持续深耕文化“两创”,策划推出了一系列与文化相关的电视节目精品,其中包含《黄河文化大会》《戏宇宙》《中国礼　中国乐》《中华家庭诗词擂台赛》《馆长来了》《行进中国·黄河篇》《超级语文课》《村村有好戏》等文化综艺节目,反响热烈。

进入智媒时代,山东省将短视频平台作为新的叙事场域,为文化“两创”提供了新的媒介空间。近年来,山东网络视听行业在新的赛道上勇于探索,抓住传统文化最核心之处,将传统文化与时代精神接轨,助力建设中华民族现代文脉。2023年8月,山东广播电视台网络微电影《老衣的春天》和短视频《奇妙的尼山思想之旅》《爸爸妈妈,正儿回来了》等3件作品获国家广播电视总局2023年“弘扬社会主义核心价值观　共筑中国梦”主题原创网络视听节目优秀作品。延续历史文脉,讲好文化故事是历史使命也是时代课题。山东广播电视台不断优化其生产创作布局,上线8个网上IP(知识产权)——《苏小妹说中国字》《山东之美·手造》《诗画山东》《我在山东挺好的》《台柱子》《戚小妹》《欣小妹》《吾纪录》。《大河之洲》入选“新时代·新影像”中外联合创作计划,在中国国际电视台(CGTN)、国家地理频道(NGCI)等平台播出。由此探索并展现中华优秀传统文化的关键要素,从多个角度呈现中华文明的显著特征,让国际社会更好地了解山东,读懂中国。

三、发展趋势

(一)拓展国际视野,构建跨境合作新桥梁

《山东省广播电视和网络视听“十四五”发展规划》中提到:拓宽内容传播渠道;提高国际传播能力,发挥我省地缘优势和投资贸易便利化优势;加强广播电视和网络视听内容制作生产的国际合作;推动我省广播电视和网

络视听走出去,不断提升山东文化对外影响力和传播力。[①] 在全球化的浪潮中,文化产业的互动与协作已显著成为推动经济和文化共同繁荣的关键力量。对于山东省的网络视听产业而言,拓宽国际视野,深化与国际市场的合作和交流,不仅是对全球化趋势的积极响应,更是其提升自身国际竞争力、实现文化“走出去”和技术“引进来”战略的重要路径。通过搭建跨国合作新平台,山东省不仅可以将本土的文化精品推向世界舞台,还能够吸收国际的先进资源和理念,进而推动本土产业的持续升级和创新发展。

山东省以其深厚的历史文化底蕴和独特的地方特色为基石,致力于打造一个全方位的“网络鲁剧”品牌。通过精心挖掘和提炼山东丰富的历史文化资源,山东省不断推出具有国际吸引力的视听作品,旨在通过“中国题材,国际表达”的方式,推动一批优秀电视剧、纪录片和网络影视剧在海外播出,让全球观众领略到山东乃至中国的文化魅力,讲好中国故事山东篇章;通过持续举办网络视听精品峰会、网络视听国际传播论坛等交流活动,开展广播电视局网络视听国际传播、国际短视频大赛国内作品征集等活动,持续助力网络视听海外传播,提升国际影响力。

(二)加速数字化转型,塑造未来视听新生态

2023 年 8 月,在山东省青岛市开幕的中国网络视听精品创作峰会上,国家广播电视总局网络视听节目管理司一级巡视员董年初表示:“网络视听是互联网时代催生的新模式、新业态,是数字化转型带给人们的新体验、新成果,已经成为文化产业发展的重要增长极。”《山东省广播电视和网络视听“十四五”发展规划》提出,到 2025 年末,全省广播电视和网络视听收入规模达 200 亿元以上,网络视听等新媒体业务经营收入占比超过 30%,同时对推动山东网络视听高质量创新性发展,实现“走在前列、全面开创”作出战略部署,要求深化广播电视和新一代信息技术融合创新,实现行业技术创新、迭代升级。

截至 2023 年年底,全国网络视听用户已达 10.4 亿。面对全国网络视听用户的迅猛增长,山东省网络视听行业的数字化转型不仅是跟随技术潮

① 山东省人民政府.山东省广播电视和网络视听“十四五”发展规划[EB/OL].(2022-12-30)[2024-07-01].http://www.shandong.gov.cn/art/2022/12/30/art_307622_10331929.html.

流的必然选择,而且是把握未来发展机遇、构建竞争新优势的关键策略。这一转型对于山东省网络视听行业而言,既是机遇也是挑战,需要不断创新和进步,以满足日益增长的用户需求,并在激烈的市场竞争中脱颖而出。数字化转型的核心在于深度整合和应用先进的数字技术,以颠覆性的方式革新传统视听内容的生产、分发和消费流程,进而引领整个行业生态向更高效、更开放、更多元化的方向迈进。

长期以来,山东省不断强化创新引领、科技赋能,大力发展网络视听产业,全力打造智慧广电网络,精心举办中国网络视听精品创作峰会、山东网络视听大会等大型活动,推动大数据、元宇宙、VR/AR、人工智能等新技术运用,如全国唯一的5G高新视频实验园区落户青岛,签约引进百余家企业和相关机构……未来,山东将坚定不移地推进大视听全产业链的构建,调整业态布局和产品结构,以加速传统业态的提质升级。同时,将持续优化服务和管理体系,不断擦亮“网络鲁剧”这一金字招牌,致力于将山东网络视听产业的各项工作推向更高层次,争创一流业绩,引领行业创新发展。

(三)优化内容生产,提升原创力量

在当下的网络视听行业,内容的原创性和质量是吸引、留住观众的核心竞争力。山东省网络视听行业面临的挑战和机遇并存,优化内容生产、提升原创力量成为推动行业健康发展的关键。

《山东省广播电视和网络视听“十四五”发展规划》明确提出,到2025年山东省广播电视和网络视听行业中,内容创作形成优势、走在前列。创作生产体系更加健全,扶持引导机制更加完善,推出一批反映新时代、具有山东特色、有格局有分量的电视剧、网络剧、网络电影、纪录片、动画片、广播电视节目和公益广告,获得国家级奖项、重大项目的作品数量显著提高,“鲁剧”品牌实现巩固提升,“网络鲁剧”品牌形成较大影响。[①] 近年来,在《山东省广播电视和网络视听“十四五”发展规划》的指导下,山东高度重视网络视听精

① 山东省人民政府.山东省广播电视和网络视听“十四五”发展规划[EB/OL].(2022-12-30)[2024-07-01].http://www.shandong.gov.cn/art/2022/12/30/art_307622_10331929.html.

品创作生产，坚持以文化“两创”为引领，不断贯彻内容为王的网络视听精品创作理念，精心打造“网络鲁剧”品牌，推出了一批主题鲜明、题材多样、形式新颖、内涵丰富、向上向善的精品力作。2023 年精品创作成效显著，山东省广播电视局备案指导的网络剧《一念花开》和网络电影《鬼吹灯之南海归墟》《诛烬枭亡》《大理风云之血蝴蝶》等 4 部作品入选 2023 年山东省优秀文艺作品奖励名单，为网络视听行业高质量发展贡献了力量。[①]

未来，山东省网络视听将持续深化文化挖掘与创新表达，在文化“双创”的战略引导下，挖掘本土深厚的历史文化资源，强化网络视听精品创作与生产，精心打造“网络鲁剧”品牌，持续推出一批主题鲜明、题材多样、形式新颖、内涵丰富、向上向善的精品力作，以展现山东文化的独特魅力和时代价值。

（四）深化平台责任，保障健康内容生态

《山东省广播电视和网络视听“十四五”发展规划》明确指出，健全现代化治理体系，深入开展文娱领域综合治理，整治“注水剧”、刷排名、买热搜、伪造流量、泛娱乐化、低俗庸俗媚俗、追星炒星、天价片酬、违规广告等问题。坚决查处违规开办频率频道、违规运营频率频道、违规制作发行节目、违规传送节目和违规播放广告、违规接收境外节目等行为。深化“放管服”改革，全面提升管理服务效能。[②] 随着短视频、直播、网络剧、网络综艺等视听内容形式的兴起，内容的多元化和复杂化给内容审核带来了巨大挑战。山东省网络视听需要做强主流舆论，构建舆论引导的新格局，加快构建一个全面系统的内容监管体系。同时，除了加强监管之外，各网络视听平台还应主动承担起社会责任，加强自我约束，积极参与行业自律，共同推动网络视听行业的健康发展。

深化平台责任，保障健康内容生态，对于山东省网络视听行业而言是一

---

① 山东广电.4 部网络视听作品获 2023 年山东省优秀文艺作品奖励[EB/OL].(2023-12-12)[2024-07-01].https://sdxw.iqilu.com/share/YS0yMS0xNTIzMjI5Ng.html.

② 山东省人民政府.山东省广播电视和网络视听“十四五”发展规划[EB/OL].(2022-12-30)[2024-07-01].http://www.shandong.gov.cn/art/2022/12/30/art_307622_10331929.html.

项长期且艰巨的任务。这不仅需要平台在技术和管理上不断创新、完善,而且需要全行业的共同努力和社会各界的广泛参与。通过构建一个全面高效的内容监管体系,加强平台的自我约束和自律机制,提升整个行业的标准和规范,为山东省网络视听行业营造一个健康、积极、多元的网络文化环境。这样的环境不仅能够满足公众日益增长的精神文化需求,而且能为社会主义核心价值观的传播和文化强省的建设贡献重要力量。

第二章　行业扫描

一、山东省网络剧行业扫描

（一）政策扶持，塑造品牌形象

坚持以人民为中心的创作导向，紧扣“出好剧、出好片”的中心任务，把社会主义核心价值观贯穿创作生产传播全过程，聚焦新时代史诗般的伟大实践，聚焦党史、新中国史、改革开放史、社会主义发展史，聚焦源远流长、辉煌灿烂的中华优秀传统文化，聚焦人民群众的生产生活，提高创作生产的规划力、引导力、组织力，登“高原”攀“高峰”，不断推出思想精深、艺术精湛、制作精良的优秀作品。坚持正能量充沛要求，建好用好网络影视剧 IP 征集平台，打造网络剧、网络电影、网络纪录片、网络综艺、网络动画片标杆作品，推动网络视听节目量、质齐升。

1.紧跟政策导向

山东省广播电视局积极制定和实施政策，为网络剧发展提供全方位的扶持。政策涵盖资金支持、项目评选、奖励激励等多个方面，为网络剧创作者和制作机构提供了更多的发展机会和资源支持。针对头部平台、重点机构和重点项目，山东省广播电视局开辟了绿色通道，为其提供专项服务和优先支持，这有助于加速项目审批和落地过程，为网络剧产业的快速发展创造了良好的环境。在微短剧的审查服务中，山东省广播电视局始终坚持高效服务的原则，确保审查流程的顺畅进行，始终保持第一时间受理、审看、反馈和发证,以确保项目能够及时得到批准和支持。山东省广播电视局积极引导更多的微短剧项目选择在山东落地,扎根于这片土地。通过提供政策支持和优质服务,吸引了更多的项目选择在山东制作和发行,为当地网络剧产业的发展注入了新的活力。为了提升山东省网络剧的品牌形象,山东省广播电视局全力擦亮“网络鲁剧”品牌,并积极塑造“拍网剧来山东”的良好口碑。

疫情期间,山东省广播电视局出台了若干措施促进省内网络影视剧健康发展。针对因疫情防控暂缓创作生产的网络原创视听重点项目,积极统筹协调专家和相关部门,加强对剧本创作、成片拍摄、后期剪辑、宣传推广等环节的指导把关,特别是抓好涉及决胜全面建成小康社会、决战脱贫攻坚等重点题材的网络视听节目,按照“特事特办、急事急办”原则加大培育扶持力度,确保重点题材节目如期上线播出。针对深入宣传党中央重大决策部署、展现各地区各部门联防联控的措施成效、讲述防疫抗疫一线的感人事迹、讲好中国抗击疫情故事等相关优秀网络影视剧,开通绿色通道,全程指导把关,组织专家辅导评议,加快备案审核流程。

2.塑造品牌形象

山东省广播电视局坚持内容为王的网络视听精品创作理念,把打造并擦亮“网络鲁剧”品牌作为工作目标和重要任务,精品创作成效显著。自 2019 年实行重点网络剧片审核以来,共通过国家广播电视总局备案公示 899 部,发放上线备案号、网络剧片发行许可证 123 部,2023 年以来已向 32 部作品发放网络剧片发行许可证。[①] 2022 年以来,山东出台了一系列扶持奖励政策,发布了精品工程项目名单、重点制作机构名单等,以产业政策激发市场活力。目前,正在创作的精品项目品类全、题材广、数量多、名气大。

突出创作指导地位,做好主旋律题材规划。落实“找准选题、讲好故事、拍出精品”要求,设立网络视听产业项目库,实现与国家级网络视听产业项目库的有效对接。目前,在库项目总数达 90 余个。规划备案工作成果显著,成功推出一大批优秀作品。同时,召开山东网络视听精品创作座谈会、

① 闪电新闻.闪电评论|高扬主旋律　共享大视听　精品赢未来[EB/OL].(2023-08-25)[2024-03-01].https://sdxw.iqilu.com/share/YS0yMS0xNDk4NzI3NQ==.html.

题材规划会，围绕打造“网络鲁剧”品牌、主旋律题材提前筹划，为创作人员指明方向。在国家广播电视总局喜迎党的二十大宣传推介的 20 部网络剧片中，山东省《勇士连》《中国青年：我和我的青春》《乡村里的中国》《南繁：中国饭碗》4 部作品入选，作品数量居全国各省前列。网络剧《云襄传》、网络电影《中国青年：我和我的青春》入选 2023 年第二季度优秀网络视听作品推选活动优秀作品目录。《那些回不去的年少时光》《进击了，我的高歌》等入选国家广播电视总局 2023 年第四季度优秀网络作品推选作品名单。

3.引领市场潮流

近年来，在文化“两创”重大方针引领下，更多制作机构深耕主旋律题材，一批精品力作脱颖而出。与电视剧相比，网络剧的制作相对灵活，不受电视台的限制，能够更好地展现创作者的个性和创意。同时，网络剧的播放平台更容易接受不同类型和题材的作品，为创作者提供了更广阔的发展空间。网络剧能与观众进行更紧密的互动，通过社交媒体平台的评论、点赞、分享等形式，创造更多的话题和互动机会。观众的参与感和归属感因此得到提升。不仅如此，网络剧通常每集时长较短，能够以其短小精悍的特点，更迅速地满足观众的需求。此外，网络剧的制作周期相对较短，能够及时反映当下社会的热点和趋势。以年轻受众为主的网络剧与互联网的用户主体相符合。这部分受众工作繁忙，社会压力大，因此网络剧往往定位为“减压剧”，情节简单，轻松励志，有助于情绪的释放。网络剧的题材和手法多样，风格多彩，能够适应互联网文化的特性和需求。网络剧在题材的多元、手法的多样和风格的多彩上还有巨大的空间，这也是互联网文化的一个基本特性。网络剧的 IP 拓展性远超传统电视剧，可以通过改编成游戏或电影等多种形式，进一步开发和利用其内容、角色。

针对网络剧创作特点，山东省广播电视局不断优化服务，在规划备案阶段，增加审核频次；在上线备案阶段，增加专家审核团队力量，大幅缩减审核时限。2023 年以来，已向 32 部作品发放网络剧片发行许可证，包括 11 部网络剧、11 部网络电影、3 部网络动画片、7 部网络微短剧。预计 2023 年发放许可证总数将达到 50 余部，在全国的位次有望大幅提升。2022 年山东共有

27部网络视听作品获国家级奖项,取得了前所未有的好成绩[①],网络视听精品创作无论数量上还是质量上都有了大幅度提升。

(二)大数据推动与市场需求,促进内容创新与繁荣

1.大数据引领多样化内容生产

大数据时代的到来推动了各产业的转型与升级,网络剧产业也不例外。大数据时代下,“观众为王”成为网络剧内容生产的中心思想,互联网平台通过大数据全方位地检测和统计观众的喜好,在此基础上,形成了以大数据为导向的内容“定制”。互联网平台还将根据大数据进行网络剧项目的删选,并对制作提出更严苛的要求。在大数据的支持下进行内容定制,本质是以消费引导生产,通过定制的方式尽可能地降低内容生产的风险,实现作品稳定、有效投放,让观众的需求得到最大化的满足。积极推动运用大数据、人工智能、VR/AR等技术,创新内容选题、素材集成、需求组合、分析预测、创作生产,发掘创意空间,深耕内容制作,创新节目形态;积极引导短剧、互动剧、竖屏剧、VR剧、有声书等与主流价值传播有机融合,让个性化定制、精准化生产更好地为提升作品质量、满足人民需求服务。

观众在接受网络剧时,倾向于有针对性地消费具体的人物形象和情节内容。人物形象方面,互联网时代的观众对角色辨识度提出了更高要求,人物的性别、性格、年龄、职业等属性都被标签化,创作者通过对这些标签进行排列组合,探寻出一系列趋于脸谱化的人物设定。如红极一时的“霸道总裁”形象,它强调“强势”“精英”“高冷”等核心特质,虽然落实到具体文本中会发生一定程度的变形,但其核心特质始终不会动摇,并稳定地吸引着目标受众。大部分网络剧观众在消费过程中对人物形象、人物关系有着明显的偏好,这使得网络剧的内容生产越发强调人物特质的鲜明化,以求对目标受众进行精准投放。情节内容方面,在差异化明显的各类题材中,观众对指定题材内部的特定情节、场面也有着明确的需求和偏好。[②]

其中《中国饭碗之南繁一家人》从海南黎族吉姓一家三代人的视角,讲

① 广电视界.网络视听峰会系之山东局:坚守内容为王理念　打造网络鲁剧品牌[EB/OL].(2023-10-07)[2024-03-01]. https://baijiahao. baidu. com/s? id＝1779106373239488053&wfr＝spider&for＝pc.

② 谭苗,袁也.当下网络剧生产与传播的生态特征[J].中国电视,2021(9):66-71.

述了两位参与过南繁事业的功勋农业学家“瓜类育种专家”吴明珠和“中国紧凑型杂交玉米之父”李登海的事迹，展示了农业科学家们对种子事业的耕耘探索，向中华人民共和国成立至今的50多万名南繁工作者致敬。《木匠奇事》将案件勘察、推理过程与传统木匠手艺相结合，讲述了胶东木匠黄沙鼓与外甥杨关道结伴勘破系列离奇案件的故事，展现了中国传统木器工艺之繁复、匠人手艺之精绝，让观众在观看悬念重重的离奇案件的同时感悟匠人精神。《想飞的猪》以乡村振兴为主题，讲述了网名为“想飞的猪”的农村青年朱大志返乡创业经营民宿，克服资金短缺、观念冲突、缺乏宣传等困难，通过改变经营定位、借助网络营销、注入非遗元素等多种方式，将一个原本的破败乡村民宿打造成网红民宿的青春励志故事(见表2.1)。《不完美受害人》是首部在卫视平台和网络平台同步播出的国产网络剧，网络电影《中国青年：我和我的青春》《绝地防线》，网络剧《云襄传》《通天塔》，网络动画片《无脑魔女》(第一季)，网络纪录片《拾光记》《生声不息：黄河的咏叹》播出后实现票房分账和收视口碑“双丰收”。

表2.1　山东打造微短剧列表

	主题	故事概述
《中国饭碗之南繁一家人》	农业科学家的事迹	海南黎族吉姓一家三代人视角，讲述吴明珠和李登海的事迹，展示农业科学家对种子事业的耕耘探索
《木匠奇事》	传统木匠手艺与案件勘察	胶东木匠黄沙鼓与外甥杨关道勘破离奇案件，展现中国传统木器工艺与匠人精神
《想飞的猪》	乡村振兴	农村青年朱大志返乡创业，克服困难，将破败乡村民宿打造成网红民宿的青春励志故事

2.市场需求驱动高品质制作

山东省网络剧的生产制作依托于互联网技术，在进行网络剧制作与传播的过程中，更是以互联网逻辑为支撑点，强调互联网用户的观看体验与自主选择。互联网技术部门成为山东省网络剧制作过程中最为基础与重点的一环。而在互联网技术的不断更迭下，移动互联网逐渐普及，曾经的受众转变为用户,自主性极大提高。[①]

网络剧的制作首先需要进行剧本创作,包括故事情节、角色设定、对白等内容的构思和编写等。在剧本的编写过程中,山东省出品的网络剧不完全基于山东省省情或是相应内容。在进行选题时往往需要考虑到市场需求、观众喜好、时代因素等背景,以确保选题的热度和可行度。例如,《隐秘的角落》《狂飙》等网络微短剧受众反馈良好,山东在进行剧本的创作和选定时也会对微短剧进行优先考虑,上线了《法医秦明之读心者》《不完美受害人》《黑土无言》等精品微短剧。在剧本选题确定后,需要进行筹备工作,包括选址、选角、制定拍摄计划、确定预算等。在选角时会考虑到演员的社会影响力等因素。在进行拍摄地点的选择时,山东省网络剧的拍摄场景有的选择在省外进行拍摄,有的在省内各市选景布景,《法医秦明之读心者》将拍摄场地选在了山东东营。拍摄是网络剧制作的核心环节,包括场景搭建、摄影、灯光、音频录制等工作,需要组织演员和工作人员进行拍摄。拍摄完成后,需要进行后期制作,包括剪辑、特效制作、音效处理、配乐等,以及对剧集进行整体的调色和修饰。此外,网络剧还需要进行音频处理,包括对对白、音效、配乐进行混音、剪辑和后期处理,以提升音频质量。为了方便观众理解,网络剧通常需要制作字幕,包括中文字幕及外语字幕的翻译和制作。网络剧制作完成后,需要进行宣传推广工作,包括制作宣传片、发布预告片、在各大平台进行推广等,以吸引观众关注和观看。

2023 年全省制作发行电视剧 6 部共 183 集,制作影视剧类电视节目 721.60 小时;播出影视剧类电视节目 75.28 万小时,同比增长 3.18%;播出电视剧 1.67 万部,同比增长 3.45%。[②] 电视剧《人生之路》在央视一套黄金时段播出,《库尔班大叔和他的子孙们》在一线省级卫视播出,《祈今朝》在腾讯视频首播并掀起一轮收视热潮,“鲁剧”呈现积极向上的发展势头。

---

① 姜琪玥.芒果 TV 网络剧的传播策略研究[D].长沙:湖南大学,2021.

② 山东省广播电视局.2023 年山东省广播电视和网络视听统计公报[EB/OL].(2024-05-30)[2024-07-01]. http://gd.shandong.gov.cn/articles/ch06279/202405/344aebf5-95b3-416b-ace3-ff1a8838afcf.shtml.

（三）人才兴剧，助推精品创新

1.人才队伍不断壮大

近年来，山东不断吸引优秀网络视听内容机构和文艺工作者入驻山东，从业人员队伍逐渐壮大，推动了山东网络剧产业发展。网络剧市场发展迅速，已有大量优秀编剧加入网络剧创作中，既有经验丰富的编剧，也有新锐的年轻创作者。他们擅长创作各种题材的剧本，从都市爱情到历史传奇，涵盖各种类型和风格。他们的作品不仅在剧情设置上富有创意，而且在人物塑造和情节设计上也颇具匠心，为山东省网络剧的发展注入了新的活力和创意。

著名编剧赵冬苓也开始投身网络剧创作。赵冬苓创作的网络剧《沙尘暴》正在拍摄中，被中共山东省委宣传部和山东省广播电视局评定为重点剧目。随着网络剧市场的繁荣，越来越多的优秀演员涌现并活跃于网络剧作品中。这些演员中既有新面孔，也有一些实力派老戏骨，他们的表演风格各异，为山东省网络剧注入了不同的艺术元素和魅力。这些演员们在网络剧中展现出了出色的表演技巧和能力，赢得了观众的喜爱和认可。

优秀编导林玉芬、杨阳，演员周迅、陈晓、陈建斌、胡军等纷纷加入“网络鲁剧”创作阵营。网络剧《黑土无言》由臧溪川执导，陈建斌、胡军、邓家佳领衔主演，史策、路宏、陈靖可主演。《黑土无言》受到专家高度认可，被腾讯视频定制为重点剧目。《不完美受害人》由杨阳执导，周迅、刘奕君、林允领衔主演，钟楚曦特别出演，陈数特别主演，颖儿特邀出演，董洁特邀主演。接续《山海情》的“一带一路”题材电视剧《幸福草》主创阵容强大，监制赵冬苓，导演白涛，编剧李九红、范胜震，主演郭涛、啜妮、张超、韩栋等，摄影、美术、造型、剪辑等均为业内优秀团队。该剧于2022年初开始剧本创作，其间做了大量采访、研讨工作，并深入云南、福建、斐济进行深入调研。该剧通过生活剧的表达方式，用小切口展现大时代和大背景，从一个小家庭的视角展现人类命运共同体的深刻话题，表演接地气、剧情富有生活质感。

2.人才成长频出精品

根据《广播电视和网络视听“十四五”发展规划》“实施全国广播电视和网络视听行业领军人才工程、青年创新人才工程，实施全媒体人才培养专项计划。通过培训研修、考察调研、实践锻炼、资助扶助等方式，培养造就一批有号召力、有影响力的领军人才和发展潜力大的青年人才，充分发挥示范带头作用和专业引领作用”的要求，山东近几年不断优化山东省广播电视和网络视听行业人才队伍结构，培养重点人才成长，推出多部网络剧精品。

根据国家广播电视总局公布的2023年第四季度优秀网络视听作品推选活动评审结果，山东省网络剧《那些回不去的年少时光》、网络微短剧《进击了，我的高歌》等5部作品入选，入选数量再创新高。

由国家广播电视总局网络视听管理司指导，山东省立项的20集网络微短剧《中国饭碗之南繁一家人》入选国家广播电视总局2023年网络视听节目精品创作传播工程扶持项目。在整部剧的编创过程中，山东省广播电视局非常注重对文学源头、剧本创作等基础性环节的扶持，特别是该剧涉猎的内容关系到南繁科学家们的创业事迹，在尊重影视创作生产规律的前提下，为该剧创作生产提供有力支撑，为时代奉献精品力作。此外，山东省广播电视局也肯定了导演及主创团队能够迅速敏锐地从习近平总书记在南繁考察时的讲话中抓住这一题材亮点，在创作伊始带领导演去采访李登海，与国家广播电视总局沟通创作并推动剧作成为国家精品工程、山东精品项目。

《一念花开》改编自韩易水的同名小说，主要讲述了清源剑派天才大师兄崔尘携手师妹赵坦坦寻找天下至宝“七叶梵莲”的爆笑之旅。《一念花开》由查传谊导演执导，查传谊导演曾执导过许多佳作，比如《小女花不弃》《只此江湖梦》等。美术总监刘京平的代表作品有《琉璃美人煞》和《长歌行》，展现出了浓厚的东方美感。他的设计以奇幻和突破性感觉为特点，吸引眼球。精良创作团队的合作使得作品不拘泥于传统古装甜宠剧的框架，呈现出了富有节奏感的剧情，创造出了充满想象力和多彩的奇幻画面，给观众带来了全新的视听体验。

3.微短剧人才需求大

除网络剧外，网络微短剧因能够满足现代人快节奏的生活和快餐文化需求而迅速“出圈”，成为近年来互联网和影视发展的重要方面，也成为一种广受欢迎的新的文艺形态。《2023—2024年中国微短剧市场研究报告》显示，2023年中国网络微短剧市场规模为373.9亿元，同比增长267.65%，预计2024年将超过500亿元。从公开数据来看，微短剧用户已经达到过亿量级，庞大的受众群体带来的广阔的需求。在影视行业盈利难的大背景下，投资小、见效快、风险低的微短剧发挥了强有力市场作用，成为影视产业发展的新增量。

基于此，山东省网络剧制作公司和从业人员尝试投身微短剧领域，以满足市场需求，主要包括三大主流赛道。第一类微短剧通常每集时长为7—15分钟，在爱奇艺、优酷、腾讯视频、芒果TV、哔哩哔哩等传统中长视频平台上线，多为30集以内，横屏拍摄，视听与叙事水准对标长剧。第二类微短剧通常每集时长为2—5分钟，在抖音、快手等短视频平台上线，多为30集以内，竖屏拍摄。这类剧集一部分依托于MCN机构孵化的剧情号、达人账号等，安排达人拍剧。第三类微短剧是近期备受关注的小程序剧。这类剧集通常每集时长为1—2分钟，在微信、抖音、百度等平台利用小程序上线，多为100集左右，竖屏拍摄。针对不同赛道，山东省网络微短剧的人才需求量将逐步提高，行业人才也将变得更加多样。

（四）多元平台联动，提升传播效果

1.多元平台提供多样媒介功能

微博用户报告显示，微博80%的用户为30岁以下的青年。这些年轻受众具有强烈的好奇心，对于新鲜事物接受程度较高，网上活跃度高，与网络剧的主要受众重叠，因此微博宣传能对网络剧营销产生一定程度的影响。这些年轻人大多面临学业或工作的压力，热搜网络剧为他们提供了发泄渠道之一。而仅靠网络剧本身，很难实现功能的扩张和延伸，此时微博宣传将发挥重要作用，如网络剧播出后的运作、交流与反馈等。《法医秦明之读心者》《不完美受害人》《黑土无言》等官方微博通过发放一些关于该剧的花絮，满足观众的探秘心理。另外，宣传方借助微博这一社交平台与观众进行互动答疑，实现了宣传方与观众的双向沟通。此外，微博运营还可以建立话题讨论，为观众提供一个交流平台，任何人都可以通过该平台提供讯息、实现无障碍交流，从而使沟通与反馈的效率更高。

抖音作为互联网短视频应用行业第一梯队的平台，以其信息传播的及时性、个性化、互动性和高黏性等特点积累了庞大的用户基础，随着用户规模的扩大，平台的商业价值凸显，逐渐成为继微博之后电视剧集、网络剧宣

传营销的新阵地。根据大数据的统计和分析,抖音平台会将作品有选择性地推送给可能感兴趣的观众,提升传播效率,降低营销难度,从用户的角度思考,将体验式和互动式的营销方式结合起来,利用受众进行转发、分享、推广,然后以良好的口碑继续寻求可持续发展。抖音平台的"抖加"功能可以帮助将所发布短视频推荐给指定地区、指定年龄段、指定性别的用户,而网络剧宣传方则可以利用该项付费功能,向该剧所定位的目标受众进行精准推荐,提高剧集内容发酵的精确度,从而将其引流至平台站内,实现平台流量的提升。①

国内头部视频平台在山东落地,为网络剧传播矩阵提供了新平台。2022年以来,爱奇艺和优酷子公司接连落地济南,与山东省广播电视局合作推出了网络电影《勇士连》《一盘大棋》,网络剧《法医秦明之读心者》《云襄传》《无忧渡》,网络纪录片《生声不息:黄河的咏叹》,网络动画片《偃师传说·风起蒹葭海》等一系列优秀网络视听作品,提振了内容市场活力和竞争力,塑造了"拍网剧来山东"的良好口碑。

2.全媒体矩阵提高传播效果

媒介融合是互联网发展的必然选择。正式到来的全媒体时代赋予了网络剧更多元的传播渠道,在对网络剧进行营销宣传时,应结合各传播平台的特性,力求在受众垂直化基础上的精准投放。② 目前市场上大多数网络剧的大众传播逻辑都依赖于社交媒体的流量传播,而社交媒体背后的大数据逻辑对于不同类型剧集的传播方式也有着重要影响。网络剧之所以能够吸引广大受众还有一个重要原因,即网络剧能带给他们舒适娱乐的心理享受。对受众而言,他们面临学业或工作的压力,为了给自己释放压力、带来愉快的心情,网络剧成为相对有效的发泄渠道之一。③

网络剧这一新生影视产品类型在近几年应运而生并迅速占领市场。在此背景下,许多网络媒体开始结合自身定位及利用微博类社交媒体的网络

---

① 姜琪玥.芒果TV网络剧的传播策略研究[D].长沙:湖南大学,2021.

② 谭苗,袁也.当下网络剧生产与传播的生态特征[J].中国电视,2021(9):66-71.

③ 徐丽.国产网络悬疑剧受众的需求与满足研究:以爱奇艺"迷雾剧场"为例[D].重庆:重庆交通大学,2023;张晗,李凌妤.中国网络剧研究热点与趋势探析:基于Citespace的知识图谱分析(2014—2023)[J].传媒,2023(22):91-93.

宣传优势进行推广宣传。其中，网络剧《云襄传》入选2023年第二季度优秀网络视听作品推选活动优秀作品目录。《云襄传》由济南爱奇艺影视文化有限公司出品，入围第28届亚洲电视大奖最佳网络虚构剧情节目/系列，总编剧梁振华入围最佳编剧。该剧讲述了翩翩公子云襄背负云台门中使命步入江湖，结识了几位好友，众人在云谲波诡的江湖纷争中捍卫仁德与心中正义的故事。自2023年5月1日在爱奇艺、腾讯视频播出，该片获得了不俗的播出热度和良好口碑，爱奇艺站内热度破8400，连续19天占据爱奇艺热播总榜第一。《光明日报》《北京青年报》《北京日报》《中国艺术报》和澎湃新闻等多家主流媒体围绕"重温江湖梦""传承文化自信""刻画国风文化之美""展现侠义及家国情怀""堪称武侠题材活力之作"等维度，点评剧集制作所带来的创新性、突破性。

除此之外，由济南爱奇艺影视文化有限公司、浩瀚娱乐出品的29集重点网络剧《不完美受害人》，于2023年7月17日在北京卫视、东方卫视和爱奇艺平台同步播出。该剧由高璇、任宝茹编剧，杨阳执导，周迅、刘奕君、林允领衔主演，播出后好评如潮、反响热烈。网络剧《通天塔》《听见我的声音》《公子不可求》，网络电影《龙岭虫谷》，网络微短剧《倾世小狂医》等播出后，实现票房分账和收视口碑"双丰收"。

（五）观剧与消费模式转换，受众群体呈现新变化

从年龄分布状况来看，网络剧的观看人群结构正在发生变化，上班族、大学生群体的数量在不断增加，网络剧的受众群体逐渐年轻化。第52次《中国互联网络发展状况统计报告》显示，截至2023年6月，我国网民规模达10.79亿，其中29岁及以下青少年群体占比为32.2%。微短剧受众规模大，19岁及以下用户观看比例最高。最近半年内，50.4%的短视频用户看过3分钟以内的微短剧、微综艺、"泡面番"；19岁及以下年龄用户的收看比例为57.9%，其中喜欢收看的占38.8%。无时不网、无处不网几乎已成为青年人的常态。年轻人对新鲜事物有强烈的好奇心和接受能力，网络活跃度高的特点为年轻人接触网络剧提供了可能性。中年人和老年人对网络剧的接受度较低，有些甚至不知何为"网络剧"。

1.受众消费习惯转变

社会结构正在从生产型转向消费型,“移动互联网+消费社会”的双向建构已成为21世纪社会发展模式和日常生活的主流。互联网的高速发展为消费者赋权,深刻地改变了媒介与受众的关系。互联网的特质强化了用户的主体性和主动性,用户开始积极参与到互联网生产活动之中。在网络剧生态中也是如此,对比传统电视剧与网络剧的观众接受实践,不难发现,过去“生产—分发—接受”的单向消费关系正在转化为多向互动关系。互联网时代的观众开始主动参与到网络剧的内容生产、消费和传播之中。①

中国互联网络信息中心(CNNIC)于2023年8月28日在北京发布了第52次《中国互联网络发展状况统计报告》(以下简称《报告》)。《报告》显示,截至2023年6月,我国网民数量已达到10.79亿,互联网普及率达76.4%,我国网民使用手机上网的比例达99.8%。庞大的网民规模数据证实伴随着互联网的发展,受众注意力转移至互联网平台,同时这也意味着大部分人都在使用手机并通过网络获得最新的信息。《报告》指出,截至2023年6月,我国网络视频用户规模达10.44亿,占网民整体的96.8%。可见,网络视频已成为网民的普及应用与日常娱乐活动的重要组成之一,网民影视娱乐需求愈发强烈,倒逼视频平台不断提高影视制作水准,发布优质影视作品,推动中国影视行业往更好的方向发展。根据微博猫眼专业版发布内容,网剧《不完美受害人》曾多次登猫眼电视剧热度榜第一名,单日市占率曾达到8.20%,位列7月有效播放量榜单前十位。

从整个中国视频行业的发展来看,超前点播、点映等受众消费模式的出现,使得这种新的播出方式成为对行业的一种有益探索。《庆余年》《陈情令》等较为火爆的电视剧都曾推出超前点播,由此可以看出付费点播逐渐成为中国网络视频市场不可或缺的一部分。根据统计数据来看,用户对于内容付费的接受度越来越高,其中也包括相当部分愿意额外消费的用户。超前点播与付费购买会员有所不同,这是在购买会员的前提下,在电视剧更新到最后几集时另外花费购买,这种模式大部分都是用在一些即将完结的网络剧上面,一般是花费十几块钱就可以直通大结局。这种模式对于很多观

① 谭苗,袁也.当下网络剧生产与传播的生态特征[J].中国电视,2021(9):66-71.

众来说也都可以接受，花费不多就可以提前观看剧集的结局，没有购买的观众也可以每天或每周等待剧集的更新。

此外，受众在网络剧上的消费能力和消费习惯也需要考虑。受众是否愿意为会员服务付费，或者更倾向于观看免费的广告支持型平台，成为影响受众观剧方式选择的因素。如今许多山东省网络剧在各大平台上播出，受众在进行观看时，只能免费观看前两集，后续内容有的几天后更新一集，有的更新完毕后需要会员才能观看整部剧集，时间跨度长使得受众失去了对于该剧的观看兴趣。例如，《不完美受害人》《黑土无言》等近期播出的剧集都需要成为平台会员才能继续观看。较长的时间间隔或需要付费才能观看后续内容，可能会导致受众失去兴趣，从而影响剧集的观看量和受众的忠诚度。如果受众无法在合理的时间内获得剧集的后续内容，或者需要支付额外费用才能观看，则可能降低观看意愿，从而影响剧集的整体受众规模和市场表现。

2.受众观剧习惯与喜好改变

与传统电视剧必须定时定点收看固定集数的观看方式相比，年轻观众更喜欢从网络上观看这种灵活机动的方式。当下，网络电视剧具备移动性、实时参与性、紧凑性等特点，这种快节奏的剧情推进让观众始终保持着紧张感和好奇心，每一集都充满惊喜和悬念，使得受众规模持续扩大。同时，现大多数网络剧都以短剧的形式制作拍摄，每集播放时间较短，对于时间限制较低，这能够通过简短的时间给观众带来共鸣，使观众得到娱乐和放松，观众可以在碎片化时间里观看完整的内容，符合现代人忙碌生活的观影需求。观众无需长时间连续观看，可以随时随地根据自己的时间安排来欣赏剧集，增加了观看的灵活性和便利性，更符合当下快节奏、碎片化的生活要求。

随着数字技术的发展，弹幕成为观众交流的一种方式。以往在卫视播出的电视剧，观众只能看完后在社交媒体进行交流互动，而网络剧能够实时发送弹幕，即时与观众互动。在视频平台观看的同时，观众可以实时发送弹幕与同时期观看的其他用户进行交流或发表自己的看法，有时主创团队也会以剧中某个角色的身份出现在弹幕中与观众进行回应和互动。不仅如此，弹幕还可以传递信息、释放情绪，促进观众之间的信息交流和互相理解。

网络剧以独特的题材和创新的剧情设计吸引观众的注意力，常常在叙事方式、剧情设计和表现形式上具有创新性,给观众带来新鲜感和惊喜,观众就很难在剧集中间转移视线。这种创新的表现方式不同于传统剧集的叙事风格和视听享受,观众可以不断感受到新鲜感。网络剧的题材、风格可能会吸引不同类型的受众,比如,青春偶像剧可能更受年轻观众欢迎,古装剧或家庭剧可能更吸引中老年观众,刑侦警匪剧可能吸引男性受众,而都市爱情剧可能女性受众关注得更多。

(六)平台助力,促进战略合作与品牌提升

近年来我国网络剧发展迅猛,而传播平台基本形成三个梯队:腾讯视频、爱奇艺、优酷为第一梯队,芒果 TV、哔哩哔哩构成第二梯队,风行视频、搜狐视频等构成第三梯队。三个梯队也构建出了国内综合视频网站的新格局与新的影视业生态。目前,我国网络剧播放平台以"爱优腾芒"(爱奇艺、优酷、腾讯视频、芒果 TV)多家并行的局势为主,其中又以爱奇艺、腾讯视频两家的资金力量与市场规模最为突出。《2023 中国网络视听发展研究报告》数据显示,国内综合视频平台中,爱奇艺、腾讯视频、优酷占据了整个市场将近九成的份额,位列第一梯队。[①]

当前,山东网络剧行业汇集了以爱奇艺、优酷为代表的国内头部制作机构。近年来,全省广播电视和网络视听行业呈现稳中向好、逐年增长态势。2023 年,优酷全资子公司乐酷匠心(济南)影视文化有限公司落户济南。这是继爱奇艺在济南落户后,国内又一个视听平台在山东落地。截至 2023 年,全省影视制作机构达 2191 家,同比增长 28%。同时,全国唯一的 5G 高新视频实验园区落户青岛,签约引进百余家企业和相关机构。"齐鲁嗨拍"微信小程序梳理整合 16 市 50 个主要影视拍摄基地的资源和服务保障内容,为影视从业机构提供全方位服务。

同时,山东省网络剧行业贯彻落实"头部视听平台战略合作工程"计划,加大与字节跳动、爱奇艺、优酷、腾讯视频、哔哩哔哩、喜马拉雅等国内头部视听企业和平台的合作力度,吸引国内优秀头部企业、MCN 机构、直播和短视频平台、主播工作室、头部主播、专业服务机构、内容生产商、明星直播经纪机构落户山东或开展业务合作,全力支持驻鲁头部企业分公司业务拓展,

① 姜琪玥.芒果 TV 网络剧的传播策略研究[D].长沙:湖南大学,2021.

发挥其资源流量优势，补齐山东省网络剧行业短板，提升整体实力和网络剧品牌效应。

优酷视频平台依然是山东省网络剧的头部平台。网络剧《一念花开》2023年10月23日在优酷独家播出，在播期间，登上优酷电视剧热度榜前三、优酷站内热搜榜前三、优酷站内上新榜前三、优酷站内古装榜前三，最高热度达6288，微博话题阅读量超2.13亿次，官方主话题阅读量超5453.5万次。

腾讯视频作为中国最大的在线视频平台之一，拥有庞大的用户群体和丰富的内容资源，是山东省网络剧的头部传播平台之一。据统计，《不完美受害人》在北京卫视、东方卫视首播，并在爱奇艺同步播出，成为第一部在卫视和平台同步首播的网络剧，开播两天“双台”收视率稳步提升，达到0.85%。《不完美受害人》在上海东方卫视收视率达1.572%，市场份额为6.257%，与此同时，在北京卫视收视率为1.543%，市场份额为6.157%，分别列两大卫视同时段的第一、第二位。

二、山东省网络电影行业扫描

随着互联网的发展，网络电影逐渐实现从娱乐化向商业化转变。近年来，网络电影市场大爆发，院线电影以PVOD（付费点播）模式进入线上，不少随之而来的用户也看到了网络电影在这几年的迅速成长，而在宅经济下，网络电影也迎来了最好的时刻。此外，爱奇艺、优酷、腾讯视频三家视频平台分账模式再度升级，网络电影的数量、质量、分账票房不断冲破天花板，刷新着市场的认知。[①]

（一）政策驱动网络电影健康发展

2016年国家新闻出版广电总局发布的监管政策和2017年《中华人民共和国电影产业促进法》的正式实施，推动了网络大电影进入规范化的发展轨道。政府文化管理机构对网络大电影的扶植计划吸纳了众多电影人参与创作，推动了网络大电影的精品化发展。[②] 随着网络电影潜在市场的不断扩

① 邦汇影业.2020年网络电影盘点，分账破千万影片达70部[EB/OL].(2021-01-07)[2024-03-01].https://zhuanlan.zhihu.com/p/342487750.

② 刘秀芬，王婧.夹缝中生存　清冷中蓄力：2023年网络电影观察[J].中国电影市场，2024(2)：53-56+63.

大,一些网站和网络电影创作者也看到了这一商机。[①] 面对庞大的网络电影市场,政府密切关注该变化并采取相关措施,引导好网络电影市场的发展,服务好网络电影行业。

1.政策引领行业发展

在山东省网络电影产业的发展中,政府制定了一系列管理政策和支持措施,引导山东省网络电影健康发展。在政策导向方面,山东省广播电视局坚持贯彻落实习近平总书记在文化传承发展座谈会上的重要讲话精神,繁荣网络视听文艺创作。山东省广播电视局围绕网络视听发展新形势、新趋势,聚焦行业所盼、发展所需,组织相关部门发布《网络视听创作发展态势分析与政策方向》《网络视听精品内容大屏交互平台实践》《网络视听视频命名及技术质量相关标准介绍》等一批重磅研究成果,汇集业界权威声音、引领行业科学发展。[②] 在政策引导下,涌现出《战神戚继光之不让江山》《勇士连》《一盘大棋》等一批批优秀网络电影,极大地丰富了人们的文化生活。这些优秀网络电影不仅在娱乐消遣方面有所突破,而且在文化传承和价值观引领方面发挥着重要作用。这些优秀的网络电影通过生动的故事情节和精彩的表现形式,引导观众深入思考人生、国家和社会的发展。

山东省广播电视局优化对网络电影的管理措施。在版权方面,山东省广播电视局为进一步加强视听产业版权保护,举办了网络视听版权交易会,以此来聚合版权资源,进而促成交易落地、推动版权成果的转化利用,更好地激发创新活力,维护行业健康发展。[③] 在市场监管方面,山东省广播电视局制定了一系列针对网络电影产业的政策措施,对网络电影内容、制作、传播等方面加以规范和管理,以保障作品质量。例如,山东省电影局出台《山东省"十四五"电影发展规划》,要求贯彻落实《中共山东省委关于繁荣发展社会主义文艺的实施意见》和《山东影视剧振兴计划》,实施电影精品创作工程,培育做强创作主体,加大资源整合力度,努力在选好题材、讲好故事、打

① 张成良.网络电影:草根文化的视觉狂欢[J].电影评介,2007(6):9-10.

② 山东举行2023年中国网络视听精品创作峰会新闻发布会[EB/OL].(2023-08-16)[2024-03-01].http://www.scio.gov.cn/xwfb/dfxwfb/gssfbh/sd_13840/202308/t20230824_766237.html.

③ 山东举行2023年中国网络视听精品创作峰会新闻发布会[EB/OL].(2023-08-16)[2024-03-01].http://www.scio.gov.cn/xwfb/dfxwfb/gssfbh/sd_13840/202308/t20230824_766237.html.

造精品上下功夫，创作推出一批思想精深、艺术精湛、制作精良的电影作品。[①]

山东省人民政府在电影产业监管方面采取了一系列措施，以确保电影市场的秩序和作品质量。例如，根据山东省“双随机、一公开”监管工作联席会议办公室印发的《2023 年度山东省第二次部门联合“双随机、一公开”抽查工作实施方案》和山东省“双随机、一公开”监管平台发起的部门联合抽查任务，2023 年，省电影局按照抽查事项清单、年度抽查计划，开展部门联合随机抽查。此外，专项整治回头看、影院建筑安全专项整治工作等，同部署、同开展、同落实，提升了监管效力，形成了监管合力，对规范电影市场发挥了重要作用。[②] 此外，政府还加强了与电影行业从业者和相关机构的沟通与协作。通过定期举办座谈会、研讨会等活动，政府与行业各方就电影产业发展面临的问题和挑战进行深入交流，并共同探讨解决之道。这种密切的合作关系有助于形成共识，凝聚合力，共同推动电影产业向着更加健康、可持续的方向发展。

山东省广播电视局加强对网络电影的政策支持。在电影工业建设体系方面，要求完善产业配套服务和电影工业体系建设，推动形成具有高技术支撑、高附加值的优质产业生态系统。以青岛灵山湾影视文化产业区为龙头，形成“1＋N”影视基地（园区）布局，辐射带动一批主业明显、特色鲜明的影视产业园区。不断延展影视产业链条，积极培育新的增长点，擦亮“东方影都”名片，全力打造全国领先、世界水平的“电影之都”。办好青岛影视博览会、济南吴天明青年电影高峰会等重大电影节会活动。坚持运用高新技术推动电影发展，瞄准世界科技前沿，抢占技术创新高地，提高技术运用能力。[③] 在资金扶持方面，设立专项资金和补贴政策，并鼓励企业增加投入，提升制作水平，拓展市场版图。同时，政府还建立了多层次的产业扶持体系，支持电

---

① 山东省电影局关于印发《山东省“十四五”电影发展规划》的通知[EB/OL].(2022-01-17)[2024-03-01].https://www.sdxc.gov.cn/xwcb/dygl/202201/t20220117_9704957.htm.

② 市场监管总局关于 2023 年认证机构“双随机、一公开”检查情况的通告[EB/OL].(2024-01-19)[2024-03-01].https://www.cnca.gov.cn/zwxx/tz/2024/art/2024/art_4f5d5a73492d46a1a4a56bdba982844a.html.

③ 山东省电影局关于印发《山东省“十四五”电影发展规划》的通知[EB/OL].(2022-01-17)[2024-03-01].https://www.sdxc.gov.cn/xwcb/dygl/202201/t20220117_9704957.htm.

影节、展览等活动的举办，为优秀作品提供展示平台，推动网络电影产业的国际化发展。在政府的政策引导下，山东省建立了一系列的产业支持和交流平台，为网络电影的创作和发展提供了良好的环境和条件。例如，山东青年微电影大赛被广大青年誉为“青春的舞台，影像的盛宴”，它为业内人士提供了交流合作的平台，促进了行业内部的互动与合作。通过这些平台，电影创作者得以充分展示其作品，并与其他创作者、投资者和行业专家进行交流合作，进一步拓展了作品的市场渠道和影响力，推动了山东省网络电影产业的良性发展。

在具体举措方面，山东省广播电视局为了推动网络视听精品创作，采取了一系列措施。一是优化管理服务。规划备案阶段，由每月一次审核增加为两次，初审周期减半；上线备案阶段，采用“线上分散审核＋线下集中讨论”模式，缩减审查时限。2023年以来已向19部作品发放网络剧片发行许可证。二是抓好选题策划。指导制作机构跳出玄幻、灵异、惊悚等题材扎堆现象，引导深耕主旋律题材，推出网络电影《勇士连》等精品力作。三是加强产业谋划。出台《山东省网络视听产业基地（园区）认定管理办法（试行）》，发布精品工程项目名单、重点制作机构名单等。[①]

政府在山东省网络电影产业的发展中发挥了重要的引领作用。通过导向管理政策和支持措施，政府为网络电影产业的良性发展提供了有力支持，推动了产业的快速发展和壮大。随着政府政策的不断优化和完善，山东省网络电影产业将迎来更加美好的发展前景，为文化产业的繁荣作出更大贡献。

2.社会责任与公益教育相结合

山东省广播电视局不仅通过出台政策引导网络电影的健康发展，而且鼓励从业者积极承担社会责任，创造出具有社会意义的优秀视听作品。例如，山东广播电视台出台社会责任报告，明确自身需要担负起政治责任、阵地建设责任、人文关怀责任、文化责任、安全责任、舆论引导责任等。[②] 在相

① 视听中国.山东广电局推动网络视听精品创作[EB/OL].(2023-05-19)[2024-03-01].https://mp.weixin.qq.com/s/B-YUI1jBEa-XVS_2NX4TfA.

② 山东广播电视台社会责任报告(2021年度)[EB/OL].(2022-06-16)[2024-03-01].https://www.iqilu.com/html/dongtai/20220616/5157956.shtml.

关部门对社会责任的强调之下，山东省涌现出一批优秀网络电影。山东网络剧片1号“网标”作品《断卡风暴》［网络剧片发行许可证编号为（鲁）网影审字（2022）第001号］便是一个典型的例子。该片全程在山东章丘取景拍摄，集赛车、动作、反诈等元素于一体，将精彩的动作画面、深入人心的故事情节、丰富的精神内涵融为一体，以维护金融秩序打击金融犯罪为主旨，是一部弘扬主旋律、传播正能量的精品佳作。[①] 该影片传递了正能量和社会责任感，对社会产生了积极的影响。

山东省电影创作在公益宣传方面也有诸多探索。例如，针对儿童教育和青少年成长问题，山东省人民政府鼓励电影创作者创作相关主题的影视作品，通过寓教于乐的方式引导青少年树立正确的人生观和价值观。作品《老衣的春天》根据滨州医学院大学生社会实践的真实故事改编，讲述了大学生王申义为完成社会实践报告到农村调研并与村长老衣从误解到理解，最终联手建设智能医疗平台造福百姓健康的平凡故事。[②] 这些作品往往以轻松幽默的方式呈现，吸引了年轻观众的关注，起到了很好的教育和引导作用。同时，在环保、健康、反贫困等社会问题方面，山东省人民政府也积极支持电影创作，鼓励创作者们通过影视作品呼吁社会关注并解决这些问题，进一步激发了全社会对于公益事业的参与热情。此外，政府还通过举办电影节、展映活动等形式，为这些公益主题的影视作品提供展示和推广的平台，扩大它们的影响范围和社会影响力。这些活动不仅为观众提供了欣赏电影作品的机会，而且为创作者们搭建了交流合作的平台，促进了影视产业的良性发展和社会文明进步。

山东省广播电视局注重网络电影以人为本的发展理念。山东省在电影产业的导向管理中，积极倡导并支持残疾人主题电影的制作和推广，体现了以人为本、关爱弱势群体的理念。例如，公益电影《朝华》以山东夏津特殊教育学校创建人袁敬华为人物原型，用“源于生活、高于生活”的手法，讲述了她为特需孩子无私付出的感人故事，生动展示了改革开放以来我国特教人

① 山东广电.山东网络剧片1号“网标”作品诞生［EB/OL］.（2022-06-01）［2024-03-01］. https://mp.weixin.qq.com/s/bEp4nI1__m_XMeNmt5cYEQ.

② 王蒨，刘锬，张敏敏，等.71部作品获奖！第十六届（中国）山东青年微电影大赛颁奖典礼在济举行［EB/OL］.（2023-10-20）［2024-03-01］.https://baijiahao.baidu.com/s? id=1780251726112775135.

在残疾儿童教育和康复路上的不懈探索，反映了新时代我国残疾儿童的自强、自立、自尊与自信。[①] 山东省还鼓励残疾人电影作品参与各种相关活动，如影展、电影节等，进一步提升了这些作品的知名度和影响力。例如，中国残疾人事业新闻宣传促进会举办“仁美”影视之夜活动，邀请山东省残疾人联合会支持拍摄的残疾人主题电影《朝华》《巨人隐现》《勇敢的你》参与活动。通过支持残疾人主题电影的制作和推广，政府向社会传递了一种关爱弱势群体的态度，唤起了社会对于残疾人群体的关注和关爱，同时也为这一特殊群体提供了展示自我、传递正能量的平台。这种倡导和支持不仅是对残疾人权益的维护，而且是对社会多元性和包容性的体现。

3.文化振兴与文化引领相融合

电影是宣传思想工作的重要阵地，也是国家文化软实力的重要标识。山东省广播电视局注重弘扬齐鲁优秀传统文化，号召在新时代背景下讲好山东故事，展现当地经济、社会、文化等方面的发展成就和特色。在电影精品制作工程方面，推动落实山东省重大主题文艺创作策划推动机制，立足山东省丰厚优秀传统文化、革命文化和社会主义先进文化资源，坚持创造性转化、创新性发展，聚焦重大现实题材、重大革命题材和重大历史题材，重点围绕中国共产党成立 100 周年、党的二十大召开、纪念中国人民抗日战争暨世界反法西斯战争胜利 80 周年等重要时间节点，科学规划，明确重点，推出一批重大电影选题。[②]

在地域特色建设方面，政府对电影产业的政策支持和资金扶持为作品的发展提供了坚实的基础，使得地域特色得以充分展现并融入作品创作中。以《永远的丹山百合》为例，该影片在歌颂“丹山精神”的同时，在地域文化挖掘和内容创作上取得了巨大成功，通过深入挖掘山东丰富的历史文化和人文底蕴，生动展现了山东独特的地域风情和文化魅力。在电影产业的政策引导和支持下，政府进一步加强了对《永远的丹山百合》等优秀作品的扶持力度，包括提供更多的资金支持、提供拍摄场地和设备，以及组织山东网络

① 山东残疾人主题电影《朝华》《巨人隐现》《勇敢的你》闪亮“仁美”影视之夜[EB/OL].(2023-09-05)[2024-03-01].https://www.sdxc.gov.cn/whql/ys/202309/t20230905_12699322.htm.

② 山东省电影局关于印发《山东省“十四五”电影发展规划》的通知[EB/OL].(2022-01-17)[2024-03-01].https://www.sdxc.gov.cn/xwcb/dygl/202201/t20220117_9704957.htm.

电影节等活动，为作品的制作、推广和展示提供了有力的保障。

在网络电影推动文化建设方面，莱阳市组织拍摄了首部网络电影《预制厨神》。该影片是通过文艺作品推广推荐"莱阳味道"的重要举措，是展现莱阳乡村振兴成果、展现莱阳农业农村农民形象的重要尝试，更是文旅融合促进乡村高质量发展的重要尝试。影片内容聚焦乡村振兴大局，从厨师视角切入，展现各级党委、政府对农业产业化发展的支持扶持和现代乡村的巨大变化。影片在风格呈现上，突出喜剧元素与温情色彩，将个人奉献与社会责任、饮食文化与亲情爱情等内容巧妙融合；在故事情节上，通过主人公两次参加"厨神大赛"等情节设置，增加了影片的可看性，为观众奉献了一道文化"大餐"。山东电影发行放映集团张云安董事长认为《预制厨神》是在省委宣传部"文艺高峰计划"推动下创作生产的一部精品力作，必将在宣传莱阳、满足群众需求方面发挥自身独特作用。①

（二）全流程优化网络电影生产模式

近年来，网络电影得到快速发展。在网络电影作品的带动下，网络电影的上线备案数量剧增。网络电影制作机构发力脱贫攻坚等现实题材创作，推出优质作品，使得网络电影既赢得了口碑，也赢得了流量，得到了社会各界的关注。②

1.制作模式优化

在生产制作方面，政府通过政策引导和产业支持，鼓励网络电影制作公司和创作者积极创作优质内容。山东省电影生产制作的详细流程涵盖了多个关键环节，积极适应消费环境变化，紧扣观众需求，进一步改善和丰富了电影消费模式。例如，山东省出台的《山东省"十四五"电影发展规划》，鼓励影院积极采用先进技术，创新业务和服务模式，为观众提供更加精彩、优质、多样的观影体验和服务，提高影院上座率、单银幕票房收入和综合经营收入。同时，积极培养居民电影消费习惯，推动各地通过发放消费券、票价补贴等形式，将观影纳入各类文化惠民活动，扩大观众规模，提高观影人次。

① 刘兰慧.乡村振兴题材电影《预制厨神》首映仪式在济南隆重举行[EB/OL].(2024-01-19)[2024-03-01].https://baijiahao.baidu.com/s?id=1788497351849829386.

② 陆佳佳，刘汉文.2020年中国电影产业发展分析报告[J].当代电影，2021(3)：15-26.

在消费市场中,山东省电影局主张进一步开发电视、信息网络、移动终端、家庭观赏等电影消费市场。促进电影衍生品开发及授权,推动电影与游戏、旅游等融合发展。例如,推出青岛“电影之旅”等影视文旅品牌,扩大电影消费规模,增加电影业整体收益。①

此外,通过学术研究引领制作模式优化。成立山东省网络视听节目服务行业协会高校专业委员会,与山东大学共建山东视听发展研究中心,办好博士后科研工作站和《现代视听》刊物,有机聚合广电媒体、制作机构、头部平台等各方资源,从理论课题研究、行业活动开展、业务交流培训、人才发现培养、产业项目孵化等多个方面服务山东视听产业发展。建好网络视听产业基地(园区)。全面优化发展环境,出台机构审批、内容审查、省级园区建设、国家级园区申报等方面“一揽子”政策。确定2个全省性网络视听园区、5个网络视听基地,发挥资源集聚、示范引领作用。中国广电·青岛5G高新视频实验园区成功落地、快速发展,签约引进高新视频产业企业及机构100余家,稳步向具有重要国际影响力的高新视频产业示范区迈进。②

2.打造精品影片

山东省广播电视局明确电影精品制作工程。主张实施剧本优化工程,将剧本创作放在电影生产的重要位置,加强电影剧本创作、剧本经纪、资源配置及项目储备。定期向社会征集优秀电影剧本,建立影视剧本储备库,加大优秀原创剧本扶持力度,提高其转化率和转化水平。此外,主张扶持优秀国产影片,完善优秀国产影片奖励扶持机制。利用电影专项资金以重点扶持、股权投资、以奖代补等方式,资助优秀影片生产。③

随着电影产业的逐步壮大,山东省的电影制作水平也逐步提高,青岛东方影都作为山东电影工业化发展的“领头羊”,影响力和知名度进一步提升。同时,山东省人民政府实施了“齐鲁文艺高峰”计划,在电影精品创作生产上

① 山东省电影局关于印发《山东省“十四五”电影发展规划》的通知[EB/OL].(2022-01-17)[2024-03-01].https://www.sdxc.gov.cn/xwcb/dygl/202201/t20220117_9704957.htm.

② 答记者问|“网络鲁剧”口碑响当当,山东网络视听精品佳作频频涌现[EB/OL].(2023-08-16)[2024-03-01].https://mp.weixin.qq.com/s/0lMv2ZdgPgDVqAdxBrfRbQ.

③ 山东省电影局关于印发《山东省“十四五”电影发展规划》的通知[EB/OL].(2022-01-17)[2024-03-01].https://www.sdxc.gov.cn/xwcb/dygl/202201/t20220117_9704957.htm.

全面发力，取得了历史最佳成绩。山东省电影市场在政府政策扶持和产业链不断完善的推动下，呈现出蓬勃发展的态势，为当地文化事业和经济发展作出了积极贡献。青岛东方影都作为山东电影工业化发展的“领头羊”，其影响力和知名度进一步提升。青岛市出台了多项有关影视制作的扶持奖励政策，截至 2023 年 11 月，共兑现扶持奖励资金 2.06 亿元。《流浪地球 2》《封神第一部：朝歌风云》等大制作影片的成功上映，进一步巩固了青岛作为“世界电影之都”的地位。① 另外，山东参与的多个优质电影项目正在热映或即将上映，公益电影放映工作也在农村地区取得显著进展。

山东省优秀网络电影作品《血鲨 1》，多次登录优酷热度榜第一名，抖音播放次数高达 5.4 亿次。② 该影片经过层层严格筛选成功入围山东省广播电视和网络视听精品奖励名单，并获奖励扶持资金 50 万元。网络电影《血鲨 1》时长 76 分钟，由王栎昂导演，方力申、周韦彤主演，该片选取国内少见的“鲨鱼”题材，讲述游泳运动员明煦阳（方力申饰）和海洋乐园驯养员齐幻（周韦彤饰）意外陷入一场有关血鲨巨大阴谋的故事。影片故事情节为，热爱海洋的明煦阳，在海洋馆遭遇意外，通过生物技术治愈伤腿的他却无法摆脱水和鲨鱼的心理阴影。6 年后，为完善海洋生命基因库明煦阳再赴海洋馆，却陷入血鲨灾难，危机面前，他克服心理阴影，与朋友们一道消灭血鲨，维护了生态平衡。影片以打造蓝天碧海、生态文明、海陆协调、人民富裕、社会和谐的新家园为主旋律，弘扬尊重自然、保护生态的精神。③

山东参与联合摄制的影片《封神第一部：朝歌风云》票房破 26 亿元，在电影发展方面取得巨大突破。该影片取材自明代小说《封神演义》和宋元话本《武王伐纣平话》，讲述的是商王殷寿与狐妖妲己勾结，暴虐无道，引发天谴。昆仑仙人姜子牙携“封神榜”下山，寻找天下共主，以救苍生。西伯侯之

---

① 贺晓菲.闪电深 1 度|96 个小时，在青岛触摸“世界电影之都”的魅力[EB/OL].(2023-04-09)[2024-03-01].https://www.thepaper.cn/newsDetail_forward_22630985.

② 莱芜文旅.喜报！我区选送的优秀网络电影《血鲨 1》荣获省级奖励！[EB/OL].(2021-12-01)[2024-03-01].https://mp.weixin.qq.com/s/hpLtp1csCjMN3C1Is9PgMQ.

③ 莱芜文旅.喜报！我区选送的优秀网络电影《血鲨 1》荣获省级奖励！[EB/OL].(2021-12-01)[2024-03-01].https://mp.weixin.qq.com/s/hpLtp1csCjMN3C1Is9PgMQ.

子姬发逐渐发现殷寿的本来面目,反出朝歌。[①] 该影片的成功不仅在于其宏大的故事背景和精湛的制作技艺,而且在于对中国古典神话故事的重新诠释和创新。该片将中国古典神话小说《封神演义》和话本《武王伐纣平话》进行了巧妙融合,呈现出了一个全新的故事世界。[②]

3.规范影片审查

山东省广播电视局将对网络电影、网络剧等作品的审查标准提高至行政许可事项,对于国产网络剧片的审查将更加规范。这一政策有助于规范网络视听行业的健康发展,督促提升作品质量,保护广大观众的合法权益。[③]此外,对于创作者来说,审查标准的提高将促使创作者和制作团队更加注重作品的内容质量和道德规范,不断提升行业整体水平,避免低俗、暴力、色情等不良元素的出现,从而为观众呈现更加丰富、高质量的作品。

审查标准的提高促使山东省网络电影产业迎来新的发展机遇。规范的审查制度将为网络鲁剧品牌的建设提供有力保障,提升山东省网络电影的整体形象和竞争力。同时,这也将为网络电影的高质量发展奠定坚实基础,吸引更多优秀的创作者和投资者参与其中,推动行业向着更加规范化、健康化的方向迈进。

(三)系统化培养网络电影从业人员

习近平总书记指出:"媒体竞争关键是人才竞争,媒体优势核心是人才优势。"[④]广播电视和网络视听发展需要一支有新闻专业素养、有互联网思维方式、有复合创意能力的人才队伍。

山东省网络视听人才队伍数量、质量实现双提升。从人才统计数据可以看出,山东省广播电视和网络视听行业人才的数量和质量都取得了明显提升,特别是研究生学历从业人员增加了近 800 人,研究生学历人员的占比

---

① 齐静.票房破 17 亿! 山东参与联合摄制影片《封神第一部》上映[EB/OL].(2023-08-08)[2024-03-01].https://new.qq.com/rain/a/20230808A04WNX00.

② 齐静.山东参与联合摄制影片《封神第一部》上映[EB/OL].(2023-08-16)[2024-03-01].https://www.sdxc.gov.cn/xwcb/dygl/202308/t20230816_12561197.htm.

③ 崔冬梅,刘少君.探秘公安题材重点网络电影《断卡风暴》为何能成为山东"网标"001 号[EB/OL].(2023-08-16)[2024-03-01].https://news.iqilu.com/shandong/yuanchuang/2022/0601/5146676.shtml.

④ 习近平.习近平谈治国理政:第二卷[M].北京:外文出版社,2017:333.

提高了1个百分点。山东省广播电视局的产业引才、服务引才、平台引才机制发挥了积极作用，为全省广播电视和网络视听行业发展注入了强大的人才动力。①

1.人才吸纳

山东省网络电影人才辈出，越来越多的人才选择加盟山东省网络电影建设。近两年，网络电影的迅猛发展可以说有目共睹，而其中最明显的变化就是，越来越多的明星愿意参与到网络电影行业中。网络电影的演员大体上经历了四个阶段，刚开始是路人甲、乙、丙、丁磨炼演技，接下来是大量网红模特疯狂加盟，随后香港老戏骨们开始客串，而现在正在走向全明星时代。② 例如，网络电影《勇士连》由罗乐执导，王挺、范雷等诸多实力派演员加盟。该影片围绕红军长征时期一场重要战役——飞夺泸定桥展开，讲述了红四团昼夜奔袭240里，在枪林弹雨之下22名突击队员踩着13条锁链成功夺下泸定桥的故事，展现了中国工农红军英勇无畏的精神。在团队合作下，该影片成功入选国家广播电视总局网络视听节目精品创作传播工程及迎接党的二十大精品网络视听节目推荐作品。③ 国家广播电视总局网络视听司、山东省广播电视局共同指导，共青团中央网络影视中心和中国青年报社领衔出品的网络电影《中国青年：我和我的青春》，有诸多明星加盟。该影片由周润泽、林珍钊、王晟赫执导，俞灏明、邢菲、邓超元、莫小奇、王子异、章若楠、常华森、宋轶、李琦、释小龙、邢昭林等主演，张艺兴、王一博、周冬雨特别出演。

2.人才培养

在网络电影人才队伍建设方面，高等教育在其中发挥着重要作用。例如，山东艺术学院电影学院联合山东省电影家协会，于2023年11月15—25日举办了山东省电影家协会文艺两新中青年创作骨干网络培训班，共邀请

---

① 张永忠，于秀丽，朱孔阳，等.山东省广播电视和网络视听人才队伍建设研究[J].现代视听，2023(2)：70-74.

② 猫叔.明星们“拍了拍”网络电影[EB/OL].(2020-10-28)[2024-03-01].https：//www.36kr.com/p/943337828920969.

③ 22名勇士飞夺泸定桥　电影《勇士连》9月24日上线[EB/OL].(2022-09-16)[2024-03-01].https：//baijiahao.baidu.com/s? id=1744123146873615420.

130 名来自全省电影艺术领域的中青年创作骨干参加培训。同时，邀请到山东省电影家协会主席、山东影视传媒集团有限公司副总经理李九红，以及山东艺术学院研究生处副处长于晓楠副教授和电影学院商凌云副教授进行线上授课。通过线上培训，力求培养出更多优秀的电影人才，为我省电影专业人才培养贡献更多力量。①

此外，在网络电影人才队伍建设中，山东省以数字化、网络化、智能化、精品化为重点，激活智力智库资源，分层次、分行业建立人才梯队。组建山东省网络电影人才库，遴选行业领军人才、青年创新人才，“一人一档”建立人才业绩档案，动态跟踪培养。探索柔性引才工作机制，结合国家及山东省重点人才项目、引才计划，以特邀特聘、挂职兼职、项目合作、技术入股等方式，向海内外多渠道引进优秀人才和名家大师。大力推进产教融合、校企合作，以联合培养、定制培养、人才互聘交流等方式推动青年人才培养。②

(四)全媒体矩阵助力网络电影传播

在传播矩阵方面，政府鼓励山东省网络电影产业拓展传播渠道和平台，加强与网络平台的合作。通过头部平台合作，将优质内容推向更广泛的受众。这种政策引导和产业支持使得网络电影在传播和推广上更具竞争力、影响力。山东省网络电影产业的传播矩阵是多元且全面的，涵盖了多个传播渠道和平台，以确保电影作品能够被更广泛地传播和接受。

1.短视频平台

近年来，短视频平台已经成为电影营销的重要阵地，其作用已不仅限于“电影行业的助攻手”，而且还逐渐演变为一个集官方入驻、物料分发、话题征稿、直播、报道支持等多元宣发渠道于一体的综合平台。这些平台拥有庞大的用户群体和活跃的生态系统，正在以自身的流量池和平台生态改变着电影宣发的效率与思维模式。宣发方将与电影内容绑定的“物料”投放到短视频平台，以加速电影在用户群体中的传播，使电影能够在更短时间内获得

① 山东艺术学院电影学院.2023 年山东省电影家协会文艺两新中青年创作骨干网络培训班在电影学院顺利举行[EB/OL].(2023-12-04)[2024-03-01].https://mp.weixin.qq.com/s/kH3fBJ8Z-uM51YDbCehnKg.

② 许丽，宋倩，孔愫愫.山东省广播电视和网络视听产业发展现状及问题探究[J].现代视听，2023(2):55-58.

更多关注。中国网络产业呈现出移动化、智能化、视频化和个性化的发展特点。①

短视频平台拥有庞大用户量。截至 2022 年 12 月，我国网络视听用户达 10.40 亿，超过即时通信（10.38 亿），成为第一大互联网应用。值得注意的是，近四分之一新网民因短视频触网，短视频“纳新”能力远超即时通信。新入网的网民中，24.3%的人第一次上网时使用的是短视频应用，与其他应用拉开较大距离。截至 2022 年 12 月，短视频用户达 10.12 亿，同比增长 7770 万，增长率为 8.3%，在整体网民中的占比为 94.8%。可见，网络电影借助短视频平台的庞大影响力进行宣传，可以达到比较好的传播效果。②

举例来说，电影《勇士连》便充分利用抖音平台完成了全程、深度的电影营销。该片宣发方以“党史”为关键词，在抖音平台上发起了一系列与影片有关的话题活动，并利用明星效应深化和带动群众对于这类话题的关注和参与。这种整合了多种营销手段的短视频平台，已成为电影行业推广的重要平台之一，对于电影的宣传推广起到了至关重要的作用。③

2.线上视频平台

线上视频平台如优酷、爱奇艺、腾讯视频等是网络电影传播的主要渠道之一，这些平台拥有庞大的用户群体和高度活跃的观众，在这些平台上发布作品能够快速吸引大量观众。线上视频平台的用户数量庞大，覆盖了各个年龄层和社会群体。无论是年轻人还是老年人，无论是城市居民还是农村居民，都可以通过这些平台观看自己喜爱的电影作品。这种广泛的覆盖面为电影的传播提供了广阔的空间和潜力。

网络电影《中国青年：我和我的青春》借助爱奇艺、优酷、腾讯视频三大平台播出，取得了良好的收听效果。《中国青年：我和我的青春》分为“旗帜”“看见”“寻找”三个篇章，分别选取北大荒开发、西部大开发、社会主义新时代三个特定历史时期中国青年的励志故事，展现青年人与伟大祖国同呼吸共命运的奋斗精神。该片还入选了 2023 年“弘扬社会主义核心价值观　共

① 杨雪，刘娜，陆地.破圈与破壁：中国网络视频精品发展新动向[J].传媒，2020(22)：33-36.

② 《2023 中国网络视听发展研究报告》发布：我国超 10 亿用户在刷短视频[EB/OL].(2023-03-29)[2024-03-01].https://new.qq.com/rain/a/20230329A09P8200.html.

③ 陆佳佳，刘汉文.2020 年中国电影产业发展分析报告[J].当代电影，2021(3)：15-26.

筑中国梦”主题原创网络视听节目征集推选和展播活动优秀节目。

3.其他传播渠道

“院转网”播映模式引发行业热议。此前已有不少取得“龙标”(电影公映许可证)的电影首先在视频网站发行,被业界称为“龙标网络电影”。但这些影片的影响较小。2020年年初,受影院关停影响,不少院线电影都选择视频网站作为首播平台。由徐峥执导的电影《囧妈》,本拟在春节档影院上映,鉴于突如其来的疫情冲击,片方选择将网络作为其发行的第一渠道,以6.3亿元的价格出售给今日头条,并在抖音、西瓜视频等平台免费播出,3天播放量突破6亿次。此举让窗口期变革成为行业年度关键词之一。长远来看,流媒体平台愈发上升的影响力和话语权,将会给电影创作注入更多生产动力和竞争性推动力。因此,院线电影将更加深刻地认识到优质内容才是未来发展的“王道”。同时,为保证院线窗口期的优势,在影院建设方面需不断开发新思路,将高质量的影院、高技术的银幕、高规格的服务作为提升线下观影体验的硬件保证。“影院+院线”播映模式的出现,也会推动行业进一步思考如何制定更加科学完善、适合中国发展特色的院线窗口期规则和电影播映制度。这需要相关部门加强对院线电影网络播出和网络电影发展的通盘规划和沟通协调,让互联网为电影发展赋能,实现多赢和共赢。①

社交媒体平台如微博、微信、抖音等也是重要的传播渠道,以影片预告片、海报等形式在社交媒体上进行宣传推广,能够有效地引发用户的关注和分享,扩大影片的曝光度。此外,自媒体平台和官方网站、应用程序也扮演着重要角色,提供了丰富的影片资讯和内容,为观众提供了便利的观影体验。同时,各类电影节和展映活动以及传统媒体渠道,也是推广影片的有效手段,能够提升影片的知名度和口碑。通过这些多种传播渠道和平台的有机组合,山东省网络电影产业能够实现全方位、多层次的传播,将优秀的作品推送给更广泛的观众群体,提升影片的影响力和竞争力。

(五)网络电影观众热情呈高涨态势

2023年山东省电影市场在全国范围内呈现出强劲的复苏势头,电影市场票房首次重返500亿元高位,这一消息令人振奋。山东省电影行业持续复苏

---

① 陆佳佳,刘汉文.2020年中国电影产业发展分析报告[J].当代电影,2021(3):15-26.

繁荣，截至2023年12月1日，电影票房已达27.26亿元，位列全国第五。观影仍然是山东观众的重要文化活动选择，全省营业影院数量达到702家，城市影院放映电影716.83万场，观影人次达到6618.52万，票房收入达到27.26亿元，排名全国第五。①

1.受众主题偏好

在题材类型上，48部票房破千万元的影片中，惊悚、武侠替代古装、奇幻成为新的内容“聚集地”。从相关数据及汇总来看，惊悚题材的网络电影占比较高，包括票房榜单排名前三位的《阴阳镇怪谈》《大蛇3：龙蛇之战》《开棺》，以及《民间怪谈录之走阴人》《重启之深渊疑冢》等。此类题材热度持续上升，越来越多的制作方开始重点布局于此。其原因主要有两方面：一是作为国内院线电影少见的类型，视觉感官较为刺激、受众较多的惊悚题材作品在网络电影市场上备受关注也愈加活跃；二是惊悚元素适配于多元类型融合创作，在内容创新、题材融合等角度来看也具备一定的优势。②

现实主义元素成为链接观众“利器”。一直以来，现实主义创作被行业、市场、政策多次提倡，现实主义也成为各类题材如惊悚题材、玄幻题材等故事创作的主要出发点，而不仅仅出现在现代作品中。演变至今，具有现实主义风格的“生活流”元素成为各类题材中的“必备品”，令观众在各式各异的故事中寻找到情感共鸣。③ 在现当代故事方面，《荒野迷案》由山东省互联网传媒集团股份有限公司日照分公司、东影融媒产业园（山东）有限公司共同出品，讲述了海滨市远郊山上发生的一起坠亡案件。案件发生后，警方第一时间介入调查，很快锁定了7名犯罪嫌疑人，他们均为同一家网络公司的员工。经警方调查发现，嫌疑人与死者的关系错综复杂、扑朔迷离，一时间无法确定凶手。随着调查的不断深入，案件却陷入了僵局。最终，刑警队长辛思远以奇招破局，采用虚拟联想的方式，根据每个人的口供层层推理，凭借

① 速递丨山东今年电影票房已达27.26亿元[EB/OL].(2023-12-01)[2024-03-01].https://mp.weixin.qq.com/s/O0bXQ1D_WhMCDqO20TDmNA.

② 最高检影视中心.《2022年网络电影市场调研报告》[EB/OL].(2023-01-16)[2024-03-01].https://new.qq.com/rain/a/20230116A03MVG00.

③ 最高检影视中心.《2022年网络电影市场调研报告》[EB/OL].(2023-01-16)[2024-03-01].https://new.qq.com/rain/a/20230116A03MVG00.

强大的逻辑能力和丰富的办案经验,利用网警的网络大数据,找到了真正的凶手。

2.受众爱好转变

受众对网络电影IP的关注成为新的发展亮点。与院线电影时代观众自发追求情感的情况不同,网络电影时代的观众受到互联网的影响,诞生出新的情感诉求。对于创作空间与环境较为宽松的网络电影市场来说,为了控制试错成本,通过更为详尽、细致的大数据平台观众、市场反馈,发掘具有改编价值的IP内容或者掌握IP,能够有效降低电影改编的市场风险。从另一角度来看,虽有受众基础和市场反馈,但IP改编、IP翻拍从来都不是一件易事,对作品的要求只会更高。[①]

自2018年起,网络电影已经基本摒弃了纯蹭院线电影IP热度的陋习,开始挖掘经典IP,但是因原有IP自身携带热度,所以同质化现象严重,“狄仁杰”“盗墓”“西游记”等字眼常常出现在网络电影的片名中。近年来,随着观众欣赏水平的不断提升,网络电影开始积极挖掘其独特的原创IP。[②] 特别值得注意的是,网络电影与城市IP之间展开了密切而有益的融合,成为塑造城市形象的重要助力。例如,《断卡风暴》是一部网络电影,全程在济南章丘进行取景拍摄,融合了赛车、动作、反诈等多种元素。该影片的问世吸引了大批观众的关注,不仅促进了山东章丘的城市建设,而且展现了山东省丰富的文化内涵,从而有效地宣传了山东省的城市形象。

观众对正能量网络电影的关注也成为一大亮点。山东省人民政府近期举办了农村“百部优秀电影”公益展映活动,通过展示脱贫攻坚、乡村振兴、美丽乡村建设等主题的优秀影片,为农村群众提供了丰富多样的精神食粮。这一举措不仅是对受众兴趣转变的积极响应,而且为网络电影行业注入了新的活力和动力。山东省电影局局长程守田指出,这一展映活动与各地的脱贫攻坚工作相结合,特别是与“第一书记”、乡村振兴服务队的工作相结合,共同助力脱贫攻坚和乡村振兴。展映活动将持续到2023年年底,为农

---

① 最高检影视中心.《2022年网络电影市场调研报告》[EB/OL].(2023-01-16)[2024-03-01].https://new.qq.com/rain/a/20230116A03MVG00.

② 刘秀芬,王婧.夹缝中生存 清冷中蓄力:2023年网络电影观察[J].中国电影市场,2024(2):53-56+63.

村群众提供持久而丰富的文化服务，为山东省人民政府注重满足用户精神需求的决心和努力增添了新的亮点。

(六)网络电影联合头部平台进行战略规划

2023年是网络电影诞生的第10年。10年间，网络电影经历了多重挑战与升级，逐渐由野蛮生长的状态走向规范化、产业化的生产路径。然而，在经历了2020年的发展高峰后，2021—2023年呈现出提质减量的发展趋势。灯塔专业版数据显示，网络电影千万分账票房榜2020年为79部、2021年为70部、2022年为43部，2023年截至11月底仅为27部，不仅在影片数量上呈现递减的趋势，分账票房的数额也远低于前几年的票房成绩，2023年截至11月底，爱奇艺、优酷、腾讯视频TOP10总票房为56781.0万元，远低于2022年72533.9万元，同比下降21.7%。[①]

1.依托头部平台进行赛道布局

爱奇艺、腾讯视频、优酷依然是山东省网络电影的头部平台。而山东省网络电影与不同头部平台的合作模式不尽相同。以爱奇艺为例，作为最早入局网络电影的视频平台，多年来，爱奇艺坚持精品战略，追求高质量发展，不断推出精品力作，不仅获得了用户的广泛认可，而且受到了主管部门及行业的高度肯定，收获了诸多奖项、荣誉。爱奇艺擅长通过持续提供精品内容带来付费会员的超预期增长以及广告侧更高的品牌溢价和收入，高收入又进而成为创作更多优质内容的能量池，从而形成内容、运营双向良性循环。山东省网络电影依托爱奇艺稳定的优质内容供给、基于爆款内容生产的可复制能力，形成飞轮效应，为山东省网络电影布局规划。其中，山东省网络电影对爱奇艺“一鱼多吃”IP联动战略的借鉴，不仅有利于山东省网络电影在深入IP开发的赛道中布局，而且在一定程度上推动了媒体融合向纵深发展。不仅如此，爱奇艺“云影院”首发模式也创新了山东省网络电影的发行方式。

2.与头部平台联动推进平台生态建设

从头部网络视听平台来看，当前处于网络电影行业转型升级发展的关

---

① 刘秀芬，王婧.夹缝中生存　清冷中蓄力：2023年网络电影观察[J].中国电影市场，2024(2):53-56+63.

键阶段,山东省网络电影行业与平台方作为行业规则和生态中的关键角色,在多个方面试图做出努力。一是统筹全局协同共进,通过进一步优化调整商业模式引导制作方强化以质量为核心的内容创作观念;二是共同搭建起公开、透明、健康的网络电影制作发行体系、票房统计体系,优化网络电影市场评价体系;三是整合平台资源,拓展宣发渠道,创新营销模式,构建多层次、多样化的发行模式和营销宣传;四是优化商业服务模式,提高会员用户黏性,挖掘更为圈层化和细分化的用户需求,进一步拓展网络电影的内容类型和观影群体。

3.探索合作新模式:头部平台+线下影都

山东省作为中国的一个经济强省,其电影产业在近年来逐步发展壮大。虽然尚未像北京、上海等一线城市那样拥有国际知名的电影头部平台,但在电影制作、发行和放映等方面都有所进展。当地的电影制作公司和电影人才陆续涌现,创作了一些以山东地方文化为题材的影视作品以及商业电影。这些作品通过展示山东独特的地域文化和人文风情,增强了中国电影的多样性,也为山东电影产业的发展注入了新的活力和内涵。其中,青岛是联合国教科文组织认定的中国首个“电影之都”。有“天然摄影棚”和“影视梦工厂”之称,正在热映的电影《封神第一部:朝歌风云》、热播网络剧《不完美受害人》及《流浪地球》系列、《独行月球》、《万里归途》等均在青岛摄制。灵山湾影视文化产业区作为青岛影视基地核心区,拥有集聚世界一流高科技影棚的东方影都产业园、国家广播电视总局在全国唯一布局的中国广电·青岛5G高新视频实验园区,获评山东省首批网络视听产业园区。截至2023年,青岛影视基地已集聚影视文化产业链上下游企业近千家,累计接待剧组300余个,上映影片30余部,创造票房超275亿元。[①]

依托青岛影视基地深厚的影视文化底蕴与海纳百川的文化交流平台,山东省网络电影产业推动头部平台与青岛影视基地深度合作,推进山东省网络电影产业全链条、全域化发展。除此之外,山东省广播电视局实施产业项目跟踪培育机制,积极协调对接各类扶持政策,搭建宣传推介平台,推动

① 肖芳.青岛影视基地十年:集聚企业930余家,总票房超275亿元[EB/OL].(2023-12-11)[2024-03-01].https://new.qq.com/rain/a/20231211A0492500.

区域间合作交流，支持产业项目成果转化应用，着力构建服务产业项目发展的良好政务服务环境。[①] 例如，山东省以济南、青岛视听产业为核心，构建黄河流域视听产业协同带、海洋视听产业隆起带，着力打造网络视听内容创新示范区、高新视频技术应用孵化区的“双核两带两区”产业发展布局，打造具有全国竞争力和影响力的视听产业发展新高地。[②]

三、山东省网络纪录片行业扫描

（一）坚守文化“两创”实践路径

山东广播电视台在纪录片领域坚持文化“两创”“两个结合”的实践路径，在思想性、时代性、文化性、艺术性上狠下功夫，坚守工匠精神，以精益求精的态度千锤百炼、反复打磨作品。[③]

1.守正创新，依托技术革命拓展叙事空间

“让收藏在博物馆里的文物、陈列在广阔大地上的遗产、书写在古籍里的文字都活起来。”山东广播电视台坚持守正创新，弘扬优秀传统文化。在纪录片《大汶口》中，充分利用了大量的考古发现和考古研究成果，在具体呈现上采用了情景再现、二维绘画等方法，讲述了大汶口文化时期生活在山东这片土地上的先民筚路蓝缕、创造文明的故事。大型纪录片《齐鲁家风》，以家风为切入口，通过多位历史和现代人物生动鲜活的故事，梳理齐鲁文化的脉络，在历史的厚度和宏大的格局中，展现了中华优秀传统文化的博大精深以及传承至今的生生不息和历久弥新。

技术的进步为纪录片带来了革新，5G、大数据、人工智能等新技术在媒体领域的应用，正深刻改变着媒体生态和传播格局，给纪录片产业发展带来了前所未有的机遇。技术极大拓展了叙事空间，让观众有了更清晰的体验。纪录片《大河之洲》首次以 4K 画质展现黄河三角洲的自然之美、人文之美，

① 山东省 4 个项目入选第三批国家广播电视和网络视听产业发展项目库[J].现代视听，2023(4)：2.

② 山东举行 2023 年中国网络视听精品创作峰会新闻发布会[EB/OL].(2023-08-16)[2024-03-01].http://www.scio.gov.cn/xwfb/dfxwfb/gssfbh/sd_13840/202308/t20230824_766237.html.

③ 闪电新闻.聚力创精品 山东广电用纪录片留住文化根脉[EB/OL].(2023-09-22)[2024-03-03].https://mp.weixin.qq.com/s/vlMDnwqI6Uge7Ooirf3cEw.

全景深度呈现人与自然和谐共生的壮美画卷,让观众在黄河三角洲的万千变化中感受时代的进步,激发奋进力量。文献纪录片《筑梦百年》第一次用影像的方式展现了百年来山东党组织在党中央坚强领导下,在磨难挫折中成长,在攻坚克难中壮大,在改革创新中发展,在各个历史时期带领山东人民奋勇前进,经济社会发展不断取得的新成效、发生的新变化。用影像展现百年历程,真实地呈现中共山东党史,让党的历史更好地“活起来”。

2.坚定文化自信,发掘人文精神

“齐鲁”一词借两千多年前春秋战国时齐国和鲁国之名代指山东省,彰显了山东省源远流长的人文底蕴。山东纪录片是本地文化在当代发展延续的见证,纪录片通过视听影像打造文化在某段时间内的切片,为一个时代和一个地区的文化造影。以《大河流日夜》为例,该片记录的乡村搬迁其实是山东省地区变迁的剪影。在拍摄的25年间,滩区村民逐渐陷入矛盾之中,搬离祖辈居住的乡村后不知道如何面对城市的新生活,安土重迁的性格使部分村民不愿离开,但走向外面的世界却是无法改变的趋势。最终,村民在国家政策的助推下迈出了搬迁的第一步。在这个过程中,农民的生产方式日渐多元化,除种植业外还开辟了养殖业,部分村民在搬入社区后成为工人;村民的思想也有了新变化,越发明白教育的重要性,将子女送进学校,努力用文化振兴自己的家族。在时间的尺度下,乡村逐渐发生新变化,一个温馨开明的新社群形成了。纪录片打造了区域文化的集体记忆,繁荣喧嚣的街景和25年前的乡村聚落形成对比,在地区飞速发展的点滴中渲染感情,引起观众共鸣,增强山东文化的感染力。一个地区的文化积淀需要通过纪实影像进行发掘,它通过深刻的人类学描摹赋予纪录片历史性的价值,在发扬的同时也实现了保护和回顾,形成了地区独特的文化场域和心理认同,进而使历史积淀在当代得以延续。

作为“国家相册”,纪录片有传承文化、传播文明的重要使命。山东广播电视台自觉弘扬地方文化资源优势,助力中华优秀传统文化向海外传扬。《大泰山》从当代中国人的故事切入,从自然、历史、文化、民俗、哲学、美学、国家传播等不同维度,以“一体多维”的方式对泰山进行多层次全方位的解读,通过富有诗意的画面、故事化的呈现,营造出别样的意境,彰显泰山这一具有中国特色、蕴藏中国智慧的文化载体的独特价值。纪录片《灭风者》讲述了一场持续70年的防治麻风病“国家行动”,几代大医勇士,接力攻克麻风“千年恶疾”,为创造一个没有麻风的世界,贡献了中国智慧和中国力量,展现了中国医护人员闪闪发亮的、震人心魄的大爱精神。

3.选材覆盖面广,展现社会发展全面貌

山东纪录片选材视野开阔,涵盖产业经济、政治革命、社会民生和自然地理,将社会发展面貌全面体系地呈现出来。近年来,山东纪录片的内容充盈丰富,类型题材囊括主题主线宣传、社会现实、人文历史和自然地理,以纪实影像为载体,通过全面的内容素材将山东省发展的整体样貌呈现出来。山东纪录片的内容选择具有鲜明的区域化特征,植根山东的区域历史和经济发展状况,带有明显的山东品格,用山东风情感染了全国,并在全国范围内破圈传播。

山东纪录片的内容挖掘与本地经济社会发展紧密结合,体现了山东由传统到锐新的转向,体现了山东发展的时代气息。在素材选择上,山东纪录片将传统题材创新化表现,紧贴时代脉搏。例如,《大河奔腾》纪录片紧紧围绕推进黄河流域生态保护和高质量发展这一主题,生动讲述山东人民曾被黄河肆虐侵扰,为了生存和发展,不断与黄河抗争,积极探索与自然和谐相处、使黄河安澜的故事。纪录片中还生动具体地展现了对山东黄河沿岸历史文化形成的积极探索,深入挖掘当下人们对于黄河精神的继承以及对黄河文化的创新发展。这是首部完全采用4K技术拍摄黄河山东段的纪录片,全景展示了山东锚定“走在前、开新局”,扛牢经济大省责任,为推进中国式现代化贡献山东力量的成功实践,热情讴歌了齐鲁儿女在服务重大国家战略中的山东担当、山东作为。

4.强化主流文化宣传引领,服务经济社会建设发展

当前,社会文化受到市场经济等因素的影响,其商业性和世俗性固然有价值和功用,但也应注意维护社会文化的良好秩序。社会文化是多样的,主流文化与其他文化并非零和博弈的关系,但应当注意主流文化的主导地位,巩固主流意识形态对社会各类文化的指导地位。公众对文化的接受需要良好的文化产品作为中介:一方面,良好的文化产品使得公众喜闻乐见,作为载体能够获得关注;另一方面,良好的文化产品蕴含主流价值,作为内核能够契合文化建设需要。因此,文化宣传需要优秀的文化作品吸引公众关注,使人对

主流文化产生自觉的关注和认同。《寻找王杰》纪录片讲述王杰在组织民兵进行地雷实爆训练时,炸药包拉火管意外自燃,危急关头王杰毅然扑向炸点,生命定格在了23岁的故事。这部纪录片以丰富的视角和真实的节奏场景展现了王杰身上体现的精神,向众多的观众表达了对王杰身上体现的精神的赞颂,同时体现王杰的故事和精神没有人忘记,依然有人铭刻在心中,依然有人会一直记得这样的英雄。《灭风者》以真实的视角和细腻的风格展现了中国长达70年的防治麻风病的故事,再现了中华民族和中国人民抗击麻风病、刻苦钻研的精神。《大汶口》将大汶口文明这一展现中华民族悠久历史文化的重大考古发掘生动地展现出来,这是考古发展史上的一个里程碑,展现了考古工作者长久以来的努力奋斗。《老潘和他的天鹅湖》讲述了北京南海子公园日渐成为北京地区重要的鸟类栖息地,是华北地区迁徙鸟类的重要中转站,而老潘则在这里救助了一只又一只的天鹅,这段感人的故事,再次深化了人与自然和谐共生的价值,引导观众拥抱生态文明。纪录片的内容是镶嵌于宏观社会环境中的,五部纪录片呼应了党和国家的政治建设、经济建设、文化建设、社会建设和生态文明建设,有利于从文化方面助力社会进步。

纪录片具有形象宣传的功能。在投放至公共空间后,纪录片的拍摄对象被更多人熟知,对外知名度提升,能够有效传播地区形象。纪录片的真实性使得片中呈现的内容可信度高、现实贴合性强,更易让受众信服。因此,纪录片的制作和传播也可以看作地方形象传播的影像实践。《蔬菜改变中国》展现了山东寿光高品质的农产品、高效率的农业科技、集成化的产业布局、成熟的产业模式,有利于进一步打响寿光乃至山东的农业品牌,营造良好的外部声誉。同时,影片中寿光蔬菜成为多地学习借鉴的楷模,与国内外多地展开农业帮扶,新冠疫情期间寿光捐助蔬菜,这呈现的不仅是寿光卓越的农产品形象,而且有企业奉献社会的公共责任感。《老潘和他的天鹅湖》的拍摄地是北京南海子公园,这是北京地区重要的鸟类栖息地,是华北地区迁徙鸟类的重要中转站。如今,南海子天鹅生态保护已成为公益项目,相关收入全部用于南海子天鹅保护。

(二)精益求精品质优良

1.内容制作

山东纪录片的创作生产在题材和主题方面体现出了鲜明特征，反映孔孟之乡、革命老区、改革开放等题材的优秀纪录片作品不断涌现，呈现出了山东的灿烂文化、悠久历史和时代发展，也彰显了山东独特的自然风貌和人文精神。

山东省独特的自然地理与文化基因深刻影响到了纪录片的题材内容、叙事方式与表现风格。山东省地形复杂，中部山地突起，东部是山东半岛，西部及北部属华北平原，中南部为山地丘陵。同时，山东还是我国传统的农业大省，是耕地比例最高的省份之一。全省平原面积占总面积的 65%，而耕地面积则接近总面积的一半。根据第三次全国国土调查，山东省耕地面积为 9692.80 万亩。山东的粮食作物种植分夏、秋两季。其中，夏粮主要是冬小麦，秋粮主要是玉米、地瓜、大豆等。农业生产的传统也决定了这一区域的家庭、乡村等社会组织具有和其他地区不尽相同的样貌。近年来，随着耕地保护制度、生态环境保护制度、节约用地制度的落地，当代中国公众越来越意识到中国人的饭碗要牢牢端在自己手中，中国饭碗要装中国粮。这都让农业和农村成为大众媒体十分关切的主题。

近年来，以《筑梦百年》《大泰山》《寻找王杰》《大汶口》《大河奔腾》《灭风者》《老潘和他的天鹅湖》等为主的山东广播电视台出品的纪录片，展现了山东省广播电视局扎根齐鲁大地的纪录片内容生产特点。如 2023 年推出的纪录片《大泰山》，以极致化的镜头呈现了泰山四季的气象万千，以生动的故事展现了泰山持续至今、无处不在的影响力，阐释了泰山是中华民族最重要的精神标识之一，蕴含了中华民族生生不息、永续发展的文化基因，是中华民族共同体形成的重要纽带和精神家园，是中外文明交流互鉴的桥梁；《筑梦百年》系统地梳理了山东党组织在新民主主义革命时期、社会主义革命和建设时期、改革开放和社会主义现代化建设时期、中国特色社会主义新时代带领山东人民走过的筚路蓝缕、攻坚克难、淬火成钢的百年历程，第一次用影像的方式展现了百年来山东党组织在党中央坚强领导下，在磨难挫折中成长，在攻坚克难中壮大，在改革创新中发展，在各个历史时期带领山东人民奋勇前进,经济社会发展不断取得的新成效、发生的新变化;《蔬菜改变中国》讲述了山东农业创新发展的故事,反映山东省经济的昂扬风貌;《寻找王杰》向朴实无华但是为人民献出生命的王杰及其精神致敬;《大河奔腾》记录了黄河山东段地区人民的艰苦奋斗和对黄河文化的传承与发扬;《老潘和他的天鹅湖》讲述了一位城市摄影师潘清泉,在北京南海子公园偶然救助了一只受伤的疣鼻天鹅,从此唤醒了少年时憧憬的天鹅湖梦想,为此守护南海子8年,给北京这个国际化大都市守出了一座天鹅湖的感人故事,充分展现和诠释了中国式现代化"人与自然和谐共生"的时代内涵。

(1)经济发展:农业大省的科技兴农记

山东地处黄河沿岸,地貌多样,平原广阔,具有优良的农业发展条件。2020年开始,山东农、林、牧、渔业总产值率先突破万亿元。《筑梦百年》制作组在近两年的时间里,在国家广播电视总局重大理论文献电视片创作领导小组办公室、中共山东省委宣传部、山东省广播电视局的指导下,参考大量党史资料,撰写脚本50多万字,拍摄素材2000多分钟,搜集历史图片2600多张、历史视频1200多分钟、历史报版面100多张,经过多次修改和反复打磨,最终以15集共450分钟的鸿篇巨制,完成了一部全面反映山东百年发展历程的影像"大传"。纪录片《蔬菜改变中国》制作于山东省农业发展的背景之中,突破和更新了观众对农业的刻板印象。一方面,该片打破了农业生产封闭性的刻板印象。影片把握空间广度,以点连线,以"中国蔬菜之乡"山东省寿光市为内容汇聚点,串联我国北京、广东、西藏,甚至俄罗斯多地,展现出寿光蔬菜远销国内外的经济成绩,以及帮扶其他省市农业建设的社会成绩,格局高远。另一方面,该片尝试突破观众对农业生产落后、低效的刻板印象。在传统印象当中,农业生产重体力、轻智力、效率低、收入少,而《蔬菜改变中国》展现了立体化种植、无人机喷洒、物联网操控等现代技术操作,结合社会化农业服务体系,打造高端蔬菜品牌,充分体现"科技兴农"的重要作用。影片中颇令人深思的是当地老农的一句话:"我种得不好,不如人家小青年,人家大胆!"敢想敢拼、知识坚实的青年农民为山东农业发展注入了新鲜血液,进一步提升了纪录片的思想深度。2021年,由山东广播电视台出品的美食纪录片《至味山东》于7月在齐鲁网、闪电新闻、哔哩哔哩等平台上线。纪录片一经播出,就让山东美食火爆出圈,全网视频播放量达到244万次,微博话题阅读量 1919 万次。记录最正宗的山东味道，挖掘齐鲁美食的前世今生，讲述美食在时代发展中的传承与沿袭，是《至味山东》秉持的创作理念。2022 年，由山东省商务厅、山东文旅集团等联合出品的《山东味道》（第一季）短纪录片在腾讯视频播出后好评如潮，引发全网关注，被广大网友誉为山东版的《舌尖上的中国》，网络好评度在腾讯视频美食纪录片排行榜中居第二位，创下了山东美食纪录片的新高度。《山东味道》（第二季）也即将播出。《山东之美》是山东省公布的第二批齐鲁优秀传统文化传承创新工程重点项目。在表现形式上，该片善于运用现代人的视角，用当下人们的故事赋予中华优秀传统文化现代内涵，展现了以改革创新为核心的时代精神。在叙述方式上，该片摒弃“高大全”的人物形象，注重通过生活细节展示人文之美。从上述作品可以看出，山东纪录片的很大一部分特色是通过齐鲁大地的自然和人文景观展开寻根与挖掘之旅。齐鲁文化的儒家精神内核，忠厚正直、崇礼尚义、勇敢坚韧、淳朴智慧的优良传统，在上述纪录片中都有不同程度的展现。

（2）政治根基：革命历史的深情追忆

作为革命老区，山东省涌现出了王尽美、邓恩铭等一批革命志士。《邓恩铭》作为山东卫视庆祝中国共产党成立 100 周年专题展播系列节目，以传记的方式追忆中共一大代表、中共山东省执行委员会书记邓恩铭烈士。在内容呈现上，纪录片以时间为线索讲述邓恩铭从少年成长为共产主义革命者的故事，将主人公邓恩铭的生平和中国近代史上的重要事件结合起来，讲述了他参与中国共产党建党、成为五卅运动先导等重要事迹，表现出了山东在中国革命中发挥的重要作用。在内容逻辑上，作为主题主线宣传纪录片，该片将山东革命史和中国革命史紧密连接，通过对革命历史和革命精神的重述增强主流意识形态的引导力。在内容情感上，全片色调以暗黄为主导，叙事声音沉稳有力，使得纪录片视听符号充满岁月感和追忆感，但又贯穿悲愤、热血和昂扬的激情感。

（3）民生建设：黄河沿岸的脱贫史诗

山东省是中华民族母亲河——黄河的入海之地。河流沿岸既有肥沃的土壤，也面临洪水袭击的风险，因此黄河沿岸乡村的脱贫搬迁成为全面建成小康社会的必然要求。《大河流日夜》展现了时代背景下的农村转型，发挥纪录片的“国家相册”功能,“把一个群体历时性的时代变迁转换为共时性的集体观看”。该片于1996年开始跟拍,跨越25载,记录了黄河滩区刘灿东村搬迁脱贫的曲折故事。一家四代与天灾和贫穷争斗,打拼更广阔的生活之路,展现了中国基层人民生活的真实境况和历史变迁。“大河”是一种符号,不光指代河流,也指代河流哺育下的当地文化,在她日夜流淌的同时,人的生产生活和思维方式也在悄无声息地进步。当地村民由一开始的贫困、固守、不愿意搬迁,逐渐变为接受和认可搬迁,这也是向外看、向前走的过程,体现了时代的进步和人民对美好生活的追求。该片塑造了多样的滩区农民群像,以微观的叙事视角将小人物的生平和黄河滩区乡村的变迁连接在一起,而这些民生建设的成果源于《山东省黄河滩区居民迁建规划》等政策的支持,以及山东人民自强不息的劳动进取。而纪录片《灭风者》用影像全面回顾了那段鲜为人知的麻风病防治历史,中国是率先在全世界实现对麻风病精准预防的国家,此举向世界证明了中国始终坚持“人民至上、生命至上”的原则,这是中华人民共和国成立以来我国抗疫防病的一贯态度。

(4)人情品格:平凡质朴的劳动者剪影

山东人勤劳纯真的品格在《先生叶连平》一片中展现得淋漓尽致。叶连平是山东青岛人,年轻时在安徽省卜陈学校工作,退休后连续20多年免费为当地学生补习英语。《先生叶连平》为观众设置了一种“未见其人,先闻其声”的视听感受,开篇是叶连平优雅、地道的英语发音,之后出现在镜头中的则是一位耄耋老人。该片采用了灵活的内容设置思路,先以类似新闻报道的视角介绍了叶连平的教书生活,之后着重挖掘了他近乎传奇的人生故事。在叙事中,该片使用了悬念的手法解答观众心中各种各样的疑惑:“一位九十多岁的老人为什么会说英语”“他为何执着教书呢”……而后文则讲道,老人的英语是中华人民共和国成立前在美国驻华大使馆打工所学。战火和硝烟让叶连平明白了国家强大的重要性,因此他投身教育,报答卜陈当地的恩情。悬念的解开成为推进故事的动力之一,进而将老人传奇般的人生铺开展现。叶连平希望,自己的最后一口气是在讲台上呼出去的。全片价值实现了无言的升华——没有一句高调的旁白,却展示出了叶先生高尚的灵魂。[①]

① 张闻兵.在薪火相传中创新发展的山东纪录片[J].现代视听,2022(8):5-8.

(5)生态建设:人与自然共生的唯美画卷

坐落于山东东营的山东黄河三角洲国家级自然保护区承担着保护生态湿地和野生动物的重要任务。作为一部自然地理纪录片,《筑营记》讲述了李建、于广军等工作人员为丹顶鹤等动物搭建居所的故事。一般生态保护类纪录片会将笔墨倾注于保护区和动植物等自然风光,大全景和俯瞰镜头居多,相比之下《筑营记》构思新颖,将重点置于动物保护人员,讲述人和动物的相处细节,通过一波三折的筑营故事将人与自然和谐共生的主题价值情真意切地表现出来。在风格特色上,全片调性轻松愉悦,旁白轻松而诙谐,并未采用严肃说教方式论述自然保护的重要性,而是渲染人在保护动物过程中的获得感和愉悦感,纳生态认同于潜移默化之中,再辅以十余分钟的短纪录形式,契合了当前互联网传播规律。[①]《老潘和他的天鹅湖》则以更加温馨的视角讲述了摄影师潘清泉和南海子公园的一群天鹅从救助到发展壮大的故事。随着城市生态空间的进一步扩大,生物多样性保护力度持续加强,北京已成为生物多样性最丰富的国际大都市之一,北京南海子公园日渐成为北京地区重要的鸟类栖息地。出身特殊、成长曲折的“圣鹅”,虽然打架是个王者,但无法迁徙,耐力对它来说是个大问题,而且它的“情史”还挺丰富。2022 年初春,天鹅“弯脖”在北京南海子与“圣鹅”相爱,后来在西伯利亚生下 3 个孩子,并独自把它们养育大。7 个多月后,“弯脖”妈妈带着孩子们来南海子认亲。苦苦等待了 28 天,“圣鹅”却没有接纳它们,它们母子无奈离去。“弯脖”母子的下落,一直让潘清泉放心不下。在潘清泉的观察下,天鹅准备在南海子搭窝生蛋,如果能够孵化成功,那将是北京野生动物保护史上极其浓墨重彩的一笔。潘清泉则承担起了守护这片天鹅美好生活的乐园的重任。年复一年,天鹅长时间驻足停留,在这里上演着一幕幕动人的故事,这是城市生态环境持续改善的注脚。多年的勾画步步向前,长期的保护已见成效,老潘心中的梦想终将照进现实。

2.美学表达

在美学表达方面,山东纪录片的表达方式较为丰富,如纪实美学、政治

---

① 刘忠波,沈文瀚.山东纪录片的发展创新和区域特色[EB/OL].(2022-10-18)[2024-03-05].https://mp.weixin.qq.com/s/F_HRWTQW1s52wrFja3DWew.

美学和戏剧美学等。纪实美学展现了山东地区多年发展变迁的现实质感，用真实、真诚的纪实镜头打动观众；政治美学浸染了山东人民深沉的革命情感，给人一种昂扬的审美体验；戏剧美学则运用故事化、冲突化等手段丰富了观众对于纪录片的审美感知，增强了山东纪录片的生动性和表现力。

(1)纪实美学的表达

纪实美学追求对现实生活的还原，长期跟踪、观察记录是纪实美学的核心元素。“纪实”最能贴近纪录片本体属性的特质，能够通过具有真实感的视听符号制造精神冲击。《大河流日夜》具有典型的纪实美学特征，摄制组25年的摄制将家庭史和村庄史结合起来，渗透出一种极其打动观众的人文纪实感。镜头在呈现25年前乡村陈旧感的同时，也反映出人的思想挣扎。一个富有冲突趣味的情节是：老人想让后辈找一个能干农活的媳妇，而后辈则想找有文化的姑娘方便以后一起做生意。观念的碰撞不仅仅是人们思想的碰撞，更是作为观念主体的人在生存环境变迁中衍生出的碰撞。这是20世纪90年代到21世纪初社会变迁的乡村写照。市场经济不断发展，愈发浓郁的商业精神甚至传播到了河边的村子里，当年轻人骑着摩托车走南闯北时，城市文明已经延展到了乡村文明的家门口。代际思想鸿沟不是老人与年轻人的年龄差异造成的，而是社会主导精神的转换造就的。纪实美学在这里带给社会以史料性和思想性的价值。纪实美学的表达具有一种历史影像的作用，记录着即将消逝的历史，或是风俗习惯，或是生活方式，或是更深层次的民族情感和心理。① 最后，刘灿东村的村民变为社区居民，新一代人住进楼房、年轻女孩进入大学，但结尾的画面却是很久以前的老镜头，老人坐在村庄的田野前一个人诉说着“爷爷看了一辈子，父亲也看了一辈子”，给人以回首往昔乡村的怀旧感。新旧对比、老幼对比和城乡对比，最终归结到纪实美学描摹下的时代对比，凝练出时间背后的沧桑变化。

(2)政治美学的表达

纪录片同时承担了主题主线宣传和意识形态宣教的功能。在美学表达中，这些功能通过政治美学表现出来，通过图像、音乐、配音、文字等多模态的方式引起观众的自豪、愉悦、感动、义愤等感官体验，使受众在审美中领悟

① 阎晓明.致我们正在消逝的文化印记[M].北京：中国广播影视出版社，2018.

作品的精神内涵、体验主流意识形态的凝聚力。其中,《大泰山》纪录片将泰山解读成一个坐标,这个坐标包含了地理坐标、文化坐标、情感坐标、心理坐标、民族坐标等。在纪录片中,通过将泰山巍峨壮丽、云海翻腾的雄伟自然景观与其屹立挺拔、作为中华民族精神文化象征的人文属性相结合,深入挖掘泰山与中华民族文化之间的紧密联系,如泰山的封禅文化、宗教文化、诗词文化等,展现中华民族的文化自信和文化传承,讲述域外视角与泰山之间的故事、泰山的国际传播与影响,从而阐释泰山的能成其大和包容万物。在故事呈现方面,该片讲述了中国著名现代诗人、散文家徐志摩与泰山的渊源,以及他和两位"泰山北斗级"国际大师的交往故事,体现出泰山所代表的中华民族的精神气质。政治美学的运用强化了观众与泰山及其背后所蕴含的中华民族精神的共在感,以生动的图像、音乐等形式将情感、精神、价值与泰山紧密联系在一起,能够为纪录片发挥社会价值做美学准备。

(3)戏剧美学的表达

戏剧美学强化纪录片中的故事性和演绎性,侧重叙事上的戏剧冲突,在片中加入节奏紧凑的情节设置,以紧张抓人的戏剧化剧情取胜。近年来,视听内容的生动性愈发受到关注,山东纪录片利用戏剧美学丰富文本表现力,进一步发展本地纪录片的艺术水平。《筑营记》以自然保护为题材,却摒弃了上帝视角的解说式呈现,转为以人物限制性视角讲述故事,将保护区景观和动物保护难点通过故事情节承载起来。片中工作人员为保护鸟类所做出的努力均使用一波三折的"困难＋解决"形式予以呈现。这个过程中,工作人员刚刚想将繁育舍建在湖区,便面临季节变化湖面结冰的问题,刚设计好房舍构造,便遇到资金问题。纪录片书写的是人与自然、人与困难之间的戏剧性,将人的生活戏剧化,融合了自然地理和社会现实双重风格。而在另一部纪录片《蔬菜改变中国》里,也通过人与人之间的戏剧冲突深化了主题思想。例如,职业经理人张满义想要打开俄罗斯蔬菜市场,但国际市场追求品质,棚包户追求产量。在河南省南阳市社旗县,张满义想转变农民观念,在品质和产量之间选择前者,却面临大家的反对。于是,他将棚包户带到了寿光,让大家明白高品质更能致富,成功推动了当地农户转型。戏剧美学也是赢得观众的一种方式,它不仅丰富了纪录片的内容表现力,而且深化了纪录片的主旨和价值,将观众带入媒介环境当中,弱化纪实影像与观众的脱离感。

(三)人才辈出匠心独具

1.主要制作机构从业人员

山东电视台孕育了鲁派纪录片。20世纪90年代中期,山东电视台专门成立了纪录片工作室,虽然在相当长的一段时间内只有5名工作人员,但创下了一年间荣获4个国家级奖励的发展高峰,先后获得“金桥奖”“金鹰奖”“星光奖”“中国广播影视大奖”等国家和省级各类奖项。近年来,山东广播电视台纪录片中心的多部作品均获得了全国性的荣誉,代表性的作品有《抗战中的红色之鹰》《人民的选择——革命战争年代的山东支前》《飞阅齐鲁》《给盲人讲电影》《西征记》《大运河在山东》《攀登的脊梁》《报之以歌》等。

到2020年,山东广播电视台纪录片中心在册人员共计59人,旗下设有综合科(含短视频创作室)、对外传播科、纪录片工作室、《五洲四海山东人》栏目4个科组。山东广播电视台连续推出《大迁建》《沂蒙扶贫六姐妹》《光耀齐鲁——100个山东优秀共产党人的故事》《此时此刻》《山东蔬菜变迁记》《至味山东》等各类优秀作品,涉猎题材不断丰富,拍摄制作水平不断提升,充分展现了主流广电媒体在纪录片领域的领导性地位。机构的支持也增强了纪录片展现社会生活的厚度。《大河流日夜》等纪录片采用长时间的跟拍模式,深入社会“毛细血管”展现深层次的真实,这都需要主流媒体机构为创作团队的声誉背书并给予长期支持。

在南派纪录片中,马志丹工作室是重要力量之一。近年来,由其创作的《又见南山》以国际视角讲述中国故事,以抗击新冠疫情为背景,给全球观众带来战胜疫情的力量和信心,而《幸福落地》则在表现方式上以微观故事展现时代进步,打动人心。中国(广州)国际纪录片节“广东日”活动和南派纪录片评奖则借助节展的力量进一步推动优质创作者的发展。浙江台的许继锋、上海台的干超,乃至更早的湖北台的张以庆、四川台的梁碧波和彭辉等,都为区域性纪录片的发展与成熟作出了重要贡献。

2.杰出从业人员

山东广播电视台是鲁派纪录片的重要制作机构,培养出了一批有代表性的创作者。生长于胶东的孙玉平是山东广播电视台策划研究室原负责人、高级记者,现任山东纪录片协会会长。他对自然景观与历史文化呈现尤为感兴趣，他拍摄的纪录片《泰山》被国家文化部选送联合国教科文组织，作为泰山评选“世界自然文化遗产”的影像依据。孙玉平还用纪录片的方式钻研山东历史及近代名人。出于对英雄杨子荣的敬仰，61 岁的孙玉平行程万余里，系统考察了杨子荣参加革命的足迹，采访了所有能找到的杨子荣的首长、战友、房东、知情者和专家学者，摄制了 3 集的成片《杨子荣传奇》。63 岁这年，他又奔赴水泊梁山，完成了 30 集纪录片《八百年水浒》。山东广播电视台原总编辑祝丽华带领全台同事共同打造了一批有影响的纪录片精品力作，包括大型电视系列片《八百年水浒》《飞阅齐鲁》《廉政之路》《人民不会忘记》《史说汉字》《齐鲁青未了》等。此外，祝丽华坚持改革创新，精心策划，推出了精品栏目《天下父母》和《数风流人物》。其中，《数风流人物》栏目自创办至今，已拍摄近 300 位开国元勋、科学家、艺术家等优秀杰出人物，社会影响广泛。山东广播电视台纪录片中心原主任张闻兵在 1997 年牵头创办了山东电视台第一个周播的对农栏目《乡村季风》，创办当年便获得中国广播电视新闻奖社教栏目一等奖。2000 年，他又领衔创办了以对农服务为特点的日播栏目《乡村季风 · 服务版》，与原有的《乡村季风》栏目互为补充，形成了山东电视台对农宣传和服务的声势与特色。2001 年，这两个节目作为一个整体，获得了“中国新闻名专栏”的荣誉称号，这也是迄今为止全国唯一一个获此殊荣的对农电视栏目。2002 年以来，张闻兵还陆续打造了《乡村季风 · 海外版》《乡村季风 · 打工在线》《快乐乡村游》等。乡村季风系列节目成为鲁派纪录片乡土题材创作的重要源泉。①

焦波是另外一位享誉全国的山东纪录片人。他出生于山东淄博，曾任《淄博日报》摄影记者和《人民日报》(海外版)摄影记者。焦波最早为人所知，是他通过《俺爹俺娘》等摄影作品对中国乡土社会和农村发展的呈现，以及对于中国人的家庭观念和亲情世界的独特表达。2012 年起，在国家广播电视总局的支持下，焦波回到山东淄博老家，组建了一个平均年龄 21 岁的摄制团队，在杓峪村住了整整一年，不断挖掘农村文化。在拍摄时，焦波说：“原来我觉得我已经很了解农村和农民了，但在拍摄这部影片时，当我真正走进农村，跟他们一块吃住、一块生活的时候，我发现我对乡村和农民又有

① 梁君健，李雨函.鲁派纪录片：浮现中的主题特征与创作体系[J].现代视听，2022(8)：15-19.

了更深一层的理解。”2013年,焦波的第一部纪录片作品《乡村里的中国》横空出世,得到广泛好评,并获得第11届中国(广州)国际纪录片节“金红棉”国际纪录片评优单元的优秀纪录长片奖项。焦波通过扎实的田野记录,找到了探讨中国传统农村社会和当代社会经济发展之间张力的影像语言。随后,焦波将他对乡村的影像探究拓展到了全国范畴。2016年,他率领团队住进遵义市大漆村,在这个贵州省极贫乡镇记录下修路和移民搬迁对当地农民的影响,创作出纪录电影《出山记》。2018年,焦波又来到遵义市的安置点延续农民进城的故事,创作了《进城记》。焦波用十余部纪录片为当代中国的农民书写“史记”,极大地拓展了鲁派纪录片的题材空间和社会声誉。

在一批鲁派纪录片创作者的共同努力下,山东出品的纪录片不仅呈现了本地真实的乡土面貌、自然风情和历史人文景观,而且在长期的发展中形成了独特的鲁派气质,对全国地域性纪录片创作具有借鉴意义。①

(四)多渠道广泛宣传

2023年全平台山东省纪录片相关资讯共13452篇,可以发现发布“山东省纪录片”相关资讯平台主要为微信、APP、网页、视频、微博、头条号等,其中又以微信占比最大,为35%,其次为APP,占比为23%,网页为17%(见图2.1)。

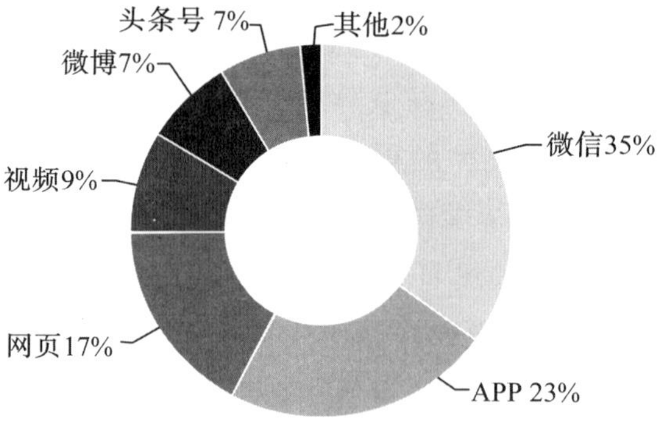

图2.1 发布“山东省纪录片”相关资讯平台占比

各平台具体传播账号主要为以下内容。

① 山东省4部纪录片入选总局“十四五”重点选题规划[J].现代视听,2022(4):2.

1.微博

山东影视集团作为山东影视传媒集团有限公司官方微博，负责发布其制作的纪录片相关的播出资讯、获奖情况，进行微博平台的宣传。山东卫视作为山东广播电视台旗下卫星频道官方账号，所负责的发布任务涵盖内容较广，包括对频道内所播出的纪录片进行定时宣传，对行业内相关资讯进行报道，侧重对纪录片主题的宣传。

2.官网

山东省广播电视局官网主要负责发布对中央关于广电行业相关政策文件的解读、新闻类的汇总信息。

3.微信公众号

微信公众号主要包含两个，一个是山东广电，主要负责对山东省广播电视台出品的优秀网络视听节目进行集中展播，第二个是山东宣传，主要负责发布网络视听高质量发展方法。

(五)以受众评价为导向发展

山东省的纪录片受众以男性群体为主要受众，占比为 70.24%，女性群体为 29.76%(见图 2.2)。可见男性群体对于纪录片的兴趣相对大于女性群体。

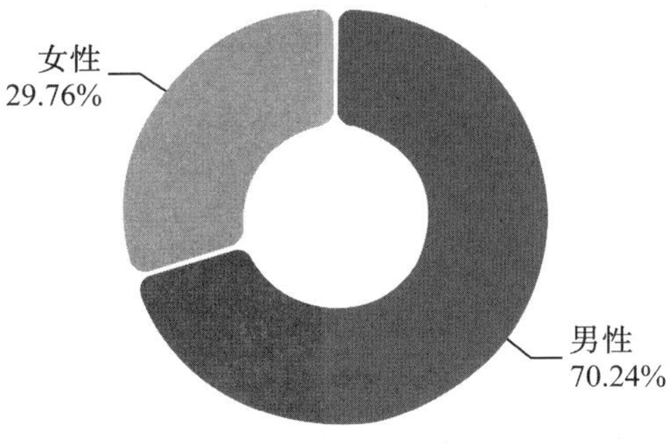

图 2.2 山东省纪录片受众性别比例

在情感属性方面，受众与山东省纪录片相关的讨论以正面(19.19%)及中性(78.70%)为主，只有少部分讨论涉及负面情感(2.11%)，可见受众对于纪录片的内容整体呈相对正面的态度(见图 2.3)。

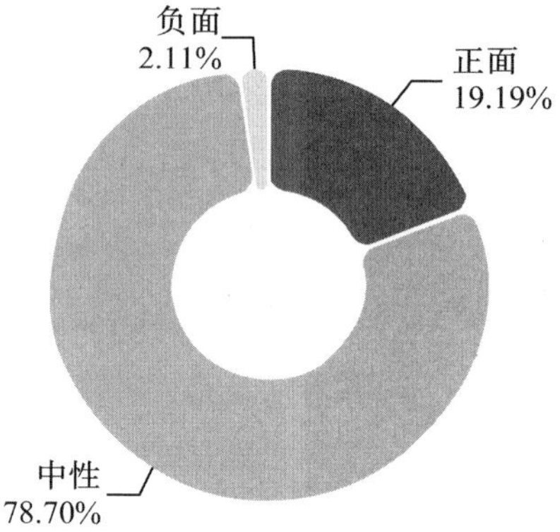

图 2.3　山东省记录片受众情感属性比例

在受众对于山东省纪录片相关内容的情绪分布中，可以看到，持赞扬态度的受众占比最大，为 87%，呈喜悦态度的受众占比次之，为 5%，大部分观众对于山东省纪录片的评价呈较为正面且呈赞赏、欢迎的态度(见图 2.4)。

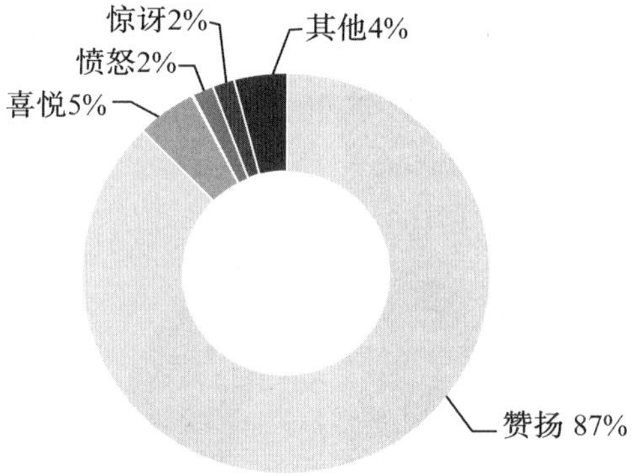

图 2.4　山东省记录片受众情绪分布

图 2.5 为以山东省纪录片为主体词搜索所得的热门词云图，受众围绕山东省纪录片所讨论的热门词主要有“中国”“山东”“文化”“历史”等。可见，围绕山东省源远流长的文化底蕴和厚重的历史所打造的一部又一部精品纪录片，在当下不仅承担着为受众科普、回溯过去的任务，而且以优良的制作、精美的演出激发了受众的爱国热情和文化自信。

图 2.5　山东省记录片热门词

（六）多平台联合出品

山东省纪录片大多由山东省广播电视台联合山东影视集团等当地影视制作企业共同出品。由图 2.6 可知，山东省纪录片在宣传方面的头部平台为微信，第二为抖音，第三为微博，第四为今日头条，第五为搜狐新闻，可以看出，在宣传方面，微信成为平台宣传主力，以微信公众号为首，配合抖音、微博等流量阵地，为山东省纪录片扩大宣传、提升知名度和受众群体提供平台助力。

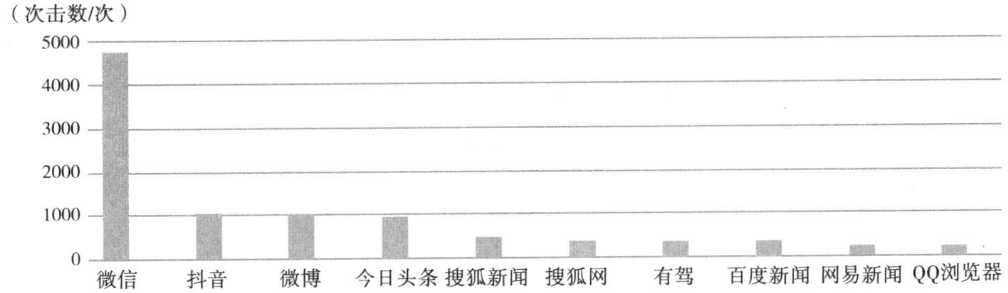

图 2.6　讨论平台分布

在播放渠道方面，传统媒体中，山东卫视为山东省出品纪录片的主要播出渠道。如 2023 年播出的纪录片《大河奔腾》在山东卫视首播，闪电新闻、中央电视台纪录频道同步进行播放。在网络平台方面，从爱奇艺、优酷、腾讯视频一类老牌网络播放平台到时下广受年轻人喜爱的哔哩哔哩等新媒体平台,山东广播电视台出品的诸多纪录片均和它们有合。如《灭风者》在2023年于山东卫视首播后,上架哔哩哔哩、学习强国等平台。

四、山东省网络动画片行业扫描

(一)以党的二十大精神为引领,规划网络动画片高质量发展

山东省网络动画片行业以党的二十大精神与全国宣传思想工作指示及习近平文化思想为指导,以高质量发展为方法论,以《山东省广播电视和网络视听"十四五"发展规划》为导向,实现网络动画片高质量发展。

1.指导思想

山东省网络动画片的发展以党的二十大精神与全国宣传思想文化工作指示为重要指导,以习近平文化思想为重要引领,抓住机遇、乘势而上,努力推出更多鼓舞人心、凝聚力量的正能量精品力作,不断满足人民群众日益增长的精神文化需求,为我国影视事业、产业蓬勃发展贡献更大力量。

(1)党的二十大精神与全国宣传思想工作重要指示

党的二十大报告提出,要繁荣发展文化事业和文化产业,增强中华文明传播力影响力,为新时代我国影视事业产业发展提供了根本遵循。山东省动画片坚持以人民为中心的创作导向,推出更多增强人民精神力量的优秀作品,坚持把社会效益放在首位、社会效益和经济效益相统一。在动画片创作中山东省坚守中华文化立场,提炼展示中华文明的精神标识和文化精髓,用网络动画片的形式讲好中国故事、传播好中国声音,展现可信、可爱、可敬的中国形象。

全国宣传思想工作对山东省网络动画片在新时代新征程更好担负起新的文化使命、开创宣传思想文化,特别是广播电视和网络视听工作新局面,具有重大而深远的意义,为进一步做好宣传思想文化工作指明了方向。山东省网络动画片的发展以会议指示为重要指导思想,在内容创作与产业发展中贯彻执行"四个讲清楚",即宣传阐释中国特色,讲清楚每个国家和民族的历史传统、文化积淀、基本国情不同,其发展道路必然有着自己的特色;讲清楚中华文化积淀着中华民族最深沉的精神追求,是中华民族生生不息、发展壮大的丰厚滋养;讲清楚中华优秀传统文化是中华民族的突出优势,是我

们最深厚的文化软实力;讲清楚中国特色社会主义植根于中华文化沃土、反映中国人民意愿、适应中国和时代发展进步要求,有着深厚历史渊源和广泛现实基础。

(2)习近平文化思想

2023年召开的全国宣传思想文化工作会议首次提出了习近平文化思想。习近平文化思想的提出,是全国宣传思想文化工作会议最重要的成果,体现了全党意志,反映了宣传思想文化战线的共同心声,标志着我们党对中国特色社会主义文化建设规律的认识达到了新高度,表明我们党的历史自信、文化自信达到了新高度,在党的宣传思想文化事业发展史上具有里程碑意义,为做好网络视听工作提供了科学指引。在山东省网络动画片的发展中,持续加强对习近平文化思想的学习、研究、阐释,积极主动担当作为,不折不扣抓好贯彻落实,始终胸怀"国之大者",主动融入中心大局,自觉担负起新的文化使命,坚定文化自信,秉持开放包容,坚持守正创新,切实把习近平文化思想贯彻落实到全省网络动画片发展工作各方面、全过程。要紧紧围绕"七个着力",努力在精品生产、科技创新、产业发展、国际传播等方面不断取得新进展、新成效,为推进社会主义文化强国、新时代文化强省建设贡献网络动画片的力量。

2.高质量发展方法论

山东省网络视听动画片发展以高质量发展为方法论指导,准确把握新时代新征程上的坐标定位,增强使命感、责任感、紧迫感,传播好党的声音,服务好人民群众。以内容为根本,在高质量发展上加强系统谋划,实现重点突破,推动精品不断涌现,展现新气象新作为。

一要守正创新,强化系统观念、辩证思维、问题导向,巩固提升传统广播电视中的动画片版块,创新拓展网络视听领域中的动画片版块。二要增加优质内容供给,坚持以人民为中心,优化服务和体验,用好存量内容,做好优质内容引进,不断创作新的优质内容,加大免费内容供给,推出更多经典内容。三要多用小切口反映宏大主题,多用小故事讲好大道理、大理论,以强信心为重点,做好舆论热点引导,让主流舆论占据主导地位。四要深耕精品创作,坚持百花齐放、百家争鸣,坚持思想精深、艺术精湛、制作精良的精品标准,不断拓宽题材类型,创作老百姓特别是年轻人喜爱的作品,克服浮躁,用心、用情、用力创作有灵魂有营养的精品佳作。五要深化行业治理,坚持把抓作品和抓环境相结合,提高创作者自身修养和专业水平,打造有使命感、有责任感、敢担当、有能力、重实干的人才和管理队伍,营造良好创作环境,让更多优秀人才和作品脱颖而出。

3.发展规划

根据《山东省国民经济和社会发展第十四个五年规划和2035年远景目标纲要》《山东省"十四五"文化和旅游发展规划》和国家广播电视总局《广播电视和网络视听"十四五"发展规划》,结合山东省广播电视和网络视听发展实际,山东省广播电视局发布了《山东省广播电视和网络视听"十四五"发展规划》。山东省网络视听动画片的发展规划以《山东省广播电视和网络视听"十四五"发展规划》为依托,厘清"十四五"时期的网络视听发展形势,明确网络动画片发展的基本原则以及目标任务。

"十四五"时期的网络视听发展形势主要包含以下三个方面。一是党中央统筹推进"五位一体"总体布局,协调推进"四个全面"战略布局,加快构建以国内大循环为主体、国内国际双循环相互促进的新发展格局,作出一系列重大决策部署,为广播电视和网络视听主动服务、更好融入党和国家工作大局,提出了新的更高要求,明确了新阶段的坐标方位和目标任务。二是我国全面建成小康社会,人民群众对精神文化产品有更大期待、更高标准和更多样化的需求,对推动广播电视和网络视听高质量发展,更好满足人民群众美好视听生活新期待,增强均等化、标准化公共服务供给,拓展个性化、多样化市场服务模式,提供了新契机,创造了新空间。三是新一轮信息技术革命带来技术路线革命性变化和生产模式突破性创新,加速舆论生态、媒体格局、传播方式发生深刻变化,给广播电视和网络视听行业发展、技术监管、安全防控等带来巨大压力。我省广播电视和网络视听行业亟待加快大数据、云计算、人工智能、IPv6、5G、VR/AR等新一代信息技术的广泛应用,加快制作传播与先进科技深度融合,实现行业技术创新、迭代升级。

在此形势下,山东省网络动画片发展应坚持以下基本原则。一是坚持正确方向。牢牢把握正确政治方向、舆论导向、价值取向,把党的意志、党的主张贯彻到网络动画片创作全领域、各环节。二是坚持人民至上。坚持以人民为中心的发展思想,努力提供更多既能满足人民文化需求又能增强人民精神力量的网络动画片，让人民群众享有更加充实、更为丰富、更高质量的精神文化生活，更好地满足人民群众对精神文化生活的新期待。三是坚持创新发展。坚持把新发展理念贯穿网络动画行业发展全过程和各领域，以新思维谋划新发展，以创新提动力、促活力、强实力，推动全行业开创更高质量、更有效率、更加公平、更可持续、更为安全的新发展局面。四是坚持科技引领。把握科技创新和产业发展趋势，加强新一代信息技术在网络动画领域的应用，全面推进技术创新、产业创新、业态创新，为全省广播电视和网络视听发展提供强大科技动能。

山东省网络动画片的发展需要紧密结合山东网络视听发展实际，坚决落实“六个一”发展思路、“六个更加注重”策略方法、“十二个着力”重点任务，扎实履行“举旗帜、聚民心、育新人、兴文化、展形象”的职责使命，大力弘扬社会主义核心价值观，努力推动中华优秀传统文化创造性转化、创新性发展，重点承担实施动画片创新突破计划与山东历史文化系列动画片创作工程。一是实施动画片创新突破计划，做优动画片，围绕历史名人事迹、民间故事、神话传说等题材，高标准制作一系列动画片精品，形成破圈、跨界效应。二是实施山东历史文化系列动画片创作工程，挖掘山东历史文化名人事迹、民间故事、神话传说等题材，高标准制作一系列动画片作品，讲述山东的传统文化和历史故事，打造一批山东经典动画 IP 形象。加强动画产业链前、中、后端企业间的合作交流，形成与山东经典动画 IP 形象有关的影视、出版、玩具、电子游戏等衍生产品生产和运营的动画产业链。

(二)以文化为内核，驱动内容生产与制作创新

山东省网络动画片行业以文化为内核进行内容生产，以国内头部动画企业及山东省广播电视局的资源支持为团队依托，投入了数字化与专业化的技术设备，促进网络动画片的高质量生产制作。

1.以文化为内核的内容生产

(1)展现中华优秀传统文化

《节气小精灵》主要讲述人类世界与二十四节气精灵所在的精灵节气基地相互影响，来自精灵节气基地的年兽作乱，让人类世界的气候也受到了影响。“年兽”逃到人类世界，“立春”与“立夏”“立秋”“立冬”四位节气精灵组

成团队,追击“年兽”,纠正混乱的节气。他们从一年的立春忙碌到第二年的立春,经历了四季的变化,帮助人们解决了许多农时与生活的问题。他们一路与暴躁的“年兽”对抗,直到另一个新年将它击败,改变了“年兽”狂傲自大、贪于享乐的缺点,扭转了它的错误理念,让它成为代表快乐与幸福的神兽。二十四节气精灵与“青仔”“平度”经历四季变化,共同击败破坏节气的“年兽”,展现了真诚、勇敢、机智的精神,向青少年传播了诚信、友善的社会主义核心价值观。

《中华优秀传统文化系列动画片》(第二季)引经据典,对一系列著名的传说及中国古代其他名人轶事、文化传说典故进行了生动形象的释义与解读。从传播中华优秀传统文化的目的出发,融汇了教育性、思想性和艺术性,具有较强的社会价值和教育意义。

《论语智慧》网络动画片围绕《论语》句子的内涵,选取先秦到明清时期的历史人物展开故事,展示《论语》对后世言行及道德品格的深远影响。每集一个故事,具有相对的独立性和完整性,这些故事取材于孔子相关的各种史料、传说,以及具有代表性的历史故事、成语故事、民间传说等。

(2)紧扣时代主题的文化脉搏

原创动画片《丝路》以2000余年前引入枣庄的石榴园林(世界吉尼斯之最“冠世榴园”)为背景,讲述了枣妮和榴娃为了帮助枣树公公和榴花仙子重建冠世榴园,重走丝绸之路远赴榴花仙子的故乡——波斯取回榴仙秘籍重建家园的故事,展现了“一带一路”沿线国家和地区绚烂的传统文化、有趣的风俗人情,歌颂了“一带一路”沿线劳动人民勤劳勇敢的精神,弘扬了“一带一路”沿线国家和地区积极向上的正义力量,彰显了“和平合作、开放包容、互学互鉴、互利共赢”的丝路精神。作品紧扣主题主线,以童话的视角来观察和领悟“一带一路”主题故事,让共建“一带一路”倡议在少年儿童心中落地生根。同时,作品通过生动的角色塑造和富有教育意义的情节设置,向观众展示了团结友爱、机智勇敢等优秀品质的伟大力量,传递了友谊、合作、共赢的理念,润物细无声地展现了中国自信、包容、开放的形象。

动画片《动车侠·未来高铁城》以“中国动车”为载体,以“高铁文化”为内涵,主要讲述了太空隧道在人工智能“星空”的运行下,让阳光城高速快速发展,然而突如其来的粒子风暴让“星空”脱离了人类控制,自此,一场保护地球能源，决战外星生物的保卫战就此打响的故事。

(3)引导成长过程中的文化教育

动画片《五色奇玉记之灵云代码》围绕两位天才少年创造的脑机交互"灵云"系统展开故事脉络，以少年友谊在成长过程中的变化为感情主线，讲述了少年们在不同的世界观、人生观和价值观形成过程中经历相互摩擦、合作成长，最终坚守初心、忠于理想的故事。该片取材于中华优秀传统文化，在叙事方式上，以寻宝故事架构全篇，融入了世界流行的叙事结构、叙事流程、叙事方式，在讲述中基于中国表达又兼顾其他国家的叙事思维，巧妙融入中华民族共同体意识，体现了政治性、思想性、艺术性的良好统一。

动画片《多宝一家人》主要讲述了优雅时尚的奶奶，个性倔强的爷爷，外表憨厚、不善表达的大笑爸爸，温柔体贴的美玲妈妈，聪明自信的女儿菲菲，活泼淘气的侄子多宝一家人与邻居之间发生的一个个趣味故事，引导大家如何与家人相处，向观众传递正能量。《多宝一家人》采用活泼、温馨的创作灵感，紧扣时代脉搏，传承中华美德。结合当下时尚热点，《多宝一家人》将生活中的小趣味带入剧中，展现三代人幸福的家庭生活，也让当代老年人、青少年以及儿童认识到孝的意义与为孝的行动准则，是一部具有创新性和正能量的全年龄段动漫剧。

2.力量日益壮大的制作团队

2021 年以来，我省动画片备案 44 部、发行 18 部，省内动画制作机构增至 30 余家，多家优秀动画企业脱颖而出，为我省动画片高质量发展注入了强劲动力。例如，出品《汉画故事——人物篇》的山东像素数字科技有限公司，出品《无脑魔女》(第一季)的山东大栩动漫设计有限公司，出品《动车侠・未来高铁城》的青岛动车侠动漫有限公司，出品《果果成长日记》(第四季)和《淘气猪多多之我爱画画》的新空影画(山东)文化传媒有限公司，出品《节气小精灵》的山东省节气家族动漫有限公司，出品《丝路》的枣庄市一甲动漫制作股份有限公司，出品《中华优秀传统文化系列动画片》(第二季)的山东美猴文化创意集团股份有限公司，出品《多宝一家人》的山东豆神动漫有限公司，出品《快乐的小熊尼尼》的青岛新空影画文化传媒有限公司，出品《五色奇玉记之灵云代码》的山东广电传媒集团有限公司。

(1)国内头部动画企业落地山东

国内头部动画企业功夫动漫股份有限公司落地山东,2023 年以来,在山东省广播电视局的指导下,设立了山东功夫动漫、山东台漫科技、青岛动车侠动漫等合资公司,推进了《动车侠 · 未来高铁城》《节气小精灵》《运河护航队 · 欢聚古城》《黄河守护者联盟》等优质动画片的立项、制作,大力拓展了产品授权、文旅开发等动画 IP 衍生产业,取得了良好成效,为我省动画行业发展注入了新活力。2023 年制作出品的《动车侠 · 未来高铁城》《节气小精灵》等动画项目获得了山东省 2023 年度优秀动画片荣誉称号。同时,功夫动漫深入开展城市动画 IP 打造,围绕城市文化底蕴、人文特色、发展前景,打造适合城市形象宣传的动画 IP 形象,以具有标志性的动画 IP 带动城市文化产业发展。

除此之外,优酷全资子公司乐酷匠心(济南)影视文化有限公司在济南市注册成立,标志着优酷与山东网络视听领域的战略合作取得实质进展。制作出品的《偃师传说 · 风起蒹葭海》也即将在多个平台上线。这是继 2022 年 3 月爱奇艺在济南落地后,国内另一个视听平台巨头在山东成功落地。该公司主要从事影视及网络剧片创作生产、网络综艺节目策划推广、文化艺术交流活动组织开展等,注册资本 1000 万元,由优酷大股东阿里巴巴文化娱乐有限公司 100%持股。

(2)山东省广播电视局提供资源支持

山东省广播电视局相关处室提供一流服务,高质量做好网络动画的立项审查、宣传推介、评奖推优等工作,确保出精品、出品牌。例如,评比 2023 年度全省网络视听精品项目,举办“中国梦 · 齐鲁情”山东省第十届原创网络视听节目大赛,推广 2023 年度优秀动画片活动,以及精选 18 部鲁产优秀动画片集中展播。

同时,山东省广播电视局支持、推动山东省各动画企业成长为我省重点制作机构、头部企业平台,积极融入全省广播电视和网络视听发展大局。围绕文化产业发展的新兴领域,共同探讨做好与动画行业结合的文章,提升动画片文化价值、产业价值。注重国际传播能力建设,为山东省各动画企业提供推介,推动优秀动画片“走出去”,打造“视听山东”动画项目亮点。

3.数字化与专业化的技术装备

山东省的网络动画制作公司在技术装备方面投入巨大，并且不断追求创新，不仅积极应用新兴技术，致力于提升动画制作的技术水平和艺术表现力，而且积极进行合作与交流，共同探索前沿的动画制作理念和方法，推动技术更新迭代，激发行业内技术创新更大活力。

(1)数字科技与软件

山东省的网络动画制作公司经常采用最先进的数字媒体软件和技术，这包括广泛应用于三维建模、特效合成和渲染的行业标准软件，例如Autodesk Maya、Blender、Cinema 4D、Houdini 等。除此之外，后期制作往往使用 Adobe After Effects、Nuke 等高级视觉特效软件，以增强动画的表现力并提升观赏性。

这些软件不仅能够满足动画制作者对建模、材质、光影和特效等各个方面的需求，而且能够通过强大的渲染引擎为动画作品增添真实感和震撼力。同时，山东的动画制作单位也专注于自主研发或与高校合作开发特定动画风格和主题的软件工具，以提高动画创作的效率和质量。

同时，部分动画制作公司致力于将 VR 和 AR 技术融入动画制作流程。通过使用头戴式显示设备和动作捕捉系统，他们能够打造出沉浸式的动画制作环境。这种技术不仅改善了动画制作者的工作体验，而且为团队带来了更直观、更全面的设计和编辑手段，同时也为未来可能涉及 VR/AR 领域的动画内容奠定了基础。

(2)专业的动画制作设备

山东省的动画制作公司投入了大量资金购买高性能计算机系统，通常配置有多核心 CPU、大容量内存和快速硬盘，以满足复杂的渲染和动画合成需求。同时，他们还利用高分辨率显示屏和精密的绘图板来进行动画场景的精细设计和调整。

此外，一些公司引入了专业的输入输出设备，如数码板和绘图显示器，以便动画师能够更准确自如地进行角色设计、动作捕捉、原画绘制等工作。这些设备的应用使得动画创作过程更加高效、流畅，极大地提升了制作效率和作品质量。

(三)以行业需求为导向,完善人才培养与发展机制

山东省网络动画片行业十分重视从业人员的培养与发展,不断优化人才培养机制,并将网络动画行业动向与人才发展相结合,提高人才质量并注入行业发展创新力。

1.人才培养机制

山东省着眼于构建健全的人才培养体系、创新激励机制,并鼓励产学合作,旨在培养更多有实战经验和创新能力的动画从业人员,推动网络动画产业可持续发展。

(1)优化人才发展环境

山东省在人才培养中注重优化环境,特别关注全媒体营销策划整合。山东省网络动画行业聚焦策划、创意、技术、宣传等领域的人才资源,以最大限度释放人才创新力。此外,山东省落实人才激励政策,坚持德才兼备,拓宽选人用人渠道,打破身份限制,畅通企事业单位人才流动机制。另外,实施“柔性引才”政策,吸引国内国际一流动画人才来鲁创业或参与重点项目,同时也支持本地高校及山东籍青年人才在当地创新创业。

(2)健全人才培养体系

山东省致力于建立完善的网络动画培训供给机制,加大培训投入预算,通过统筹开发实用的培训课程,满足一线培训需求。此外,山东省还支持山东传媒职业学院加强重点专业学科建设,探索高校与企业联合培养人才模式,并支持相关院校整合组建传媒类本科院校。

(3)创新奖励激励制度

对于网络动画人才激励机制,山东省将重点关注报酬、成就、机会的综合性激励机制,不断拓宽各类动画人才的发展通道。此外,支持广播电视企业探索建立符合政策精神和行业特点的薪酬分配、人才管理制度,同时实行全员岗位聘用制度,强调轮岗交流和双向选择机制。另外,鼓励广播电视企业探索中长期激励方式,如股权、期权、分红等,以激发内生动力。

2.人才储备与行业动向

(1)人才储备现状

近年来,山东省不断完善动画产业的人才培养机制,使得山东省动画行

业拥有一定的人才储备，涵盖各类具备动画创作、编剧、美术设计、音效制作、技术开发等方面专业知识与技能的从业人员。同时，与国内一线城市相比，山东省在动画行业的起步相对较晚，但是凭借悠久的历史文化积淀，这里正在逐渐成长为一个颇具活力的动画创作和制作中心。山东省网络动画行业的人才储备具有以下特点。一是人才集聚不均。动画人才多集聚于头部动画企业，山东省本土中小动画企业人才储备不足，掣肘本土动画企业的发展。二是产学研合作。山东省内多所高校开设数字媒体艺术、动画设计等相关专业，积极培养网络动画领域的人才。该举措为行业提供了一定数量的专业人才。同时，高校与企业合作出品网络动画，为高校人才提供实践机会。如山东工艺美术学院与山东像素数字科技有限公司合作制作出品《汉画故事》，该片获得了 2023 年度全省网络视听精品荣誉奖项。

(2)行业动向与人才需求

随着互联网和新媒体平台的快速发展，网络动画片作为一种重要的文化产品形式，在用户消费和市场需求上蓬勃发展。这使得对网络动画从业人员的需求呈现增长态势。总体而言，山东省网络动画行业动向有以下几个趋势。一是数字化，随着互联网的普及和移动设备的快速发展，网络动画行业呈现数字化、移动化的发展趋势。二是用户需求增加，随着年轻一代用户对于视频内容需求的增加，网络动画片作为一种重要形式的文化产品正受到更多关注，并呈现高速增长的态势。三是新技术的影响，VR/AR 等新技术的涌现给网络动画行业带来了新的发展机遇和挑战，对相关人才的需求呈现全新的趋势。

网络动画行业的不断发展、人才储备与行业发展趋势之间的紧密联系对于提升人才培养质量、促进行业创新发展至关重要。由于动画技术更新的需求，网络动画行业对于技术人才的需求不断增长，从事特效设计、数字媒体技术等方面的专业人才备受追捧。同时，网络动画行业急需具有创意设计能力的人才，其创意和设计水平直接决定了作品的质量和市场竞争力。

(四)以多元传播平台为依托，促进传播内容与矩阵联动

山东省网络动画片的传播平台具有多元化、全球性的传播特点，在重点网络动画片的传播中已形成具有较高效能的传播矩阵。

1.主要传播平台及传播特点

2023 年,山东省网络动画片的传播平台不断扩展,多部作品实现了全平台传播。传播渠道包括电视、网络视频平台、社交媒体平台、电台、应用程序等其他数字化媒体形式。2023 年山东省网络动画片不仅在爱奇艺、优酷、腾讯视频等国内头部网络平台传播,还在国内动画传播领军平台哔哩哔哩传播,同时,也在多家省级卫视及其少儿频道热播。总体而言,2023 年山东省网络动画片的传播平台有以下特点。

(1)传播平台多元化

2023 年山东省网络动画片的传播根据不同题材、不同受众,选择的传播平台也不尽相同。例如,《动车侠·未来高铁城》在 2023 年 3 月 13 日登陆金鹰卡通首播以来,多次斩获全国全天全时段收视率第一。3 月 20 日,在新媒体平台全网上线,上线第二天便获得华为视频冒险榜第一、爱奇艺飙升榜第五的好成绩,获众多新媒体平台重点推荐,还在多个省、市、区频道持续播出。与此同时,《动车侠·未来高铁城》有声读物上线喜马拉雅平台。2023 年 8 月 14 日,《动车侠·未来高铁城》全集上线学习强国。

多元化的传播平台不仅体现在头部网络视频平台,而且体现在将国内动画传播领军平台哔哩哔哩纳入传播矩阵中。哔哩哔哩汇聚了各种各样的内容,涵盖动画、游戏、生活、娱乐等领域,其多样性内容使得用户可以根据自己的爱好找到感兴趣的内容,从而形成兴趣社区。哔哩哔哩在社区平台为用户提供了发布视频、评论和互动交流的空间,促进了用户社区的互动。哔哩哔哩因其专注于年轻一代用户,具有原创文化内容和独特的弹幕互动体验,成为动画爱好者喜爱的传播平台。由山东大栩动漫设计有限公司、长春知行合一动漫有限公司合作出品的《无脑魔女》(第一季)于 2023 年 7 月在哔哩哔哩独播。作为漫画改编的网络动画作品,一经上线便得到巨大关注。截至 2024 年 3 月,《无脑魔女》(第一季)在哔哩哔哩上的总播放量达 1239.2 万次,追番人数达 30.6 万,弹幕总数达 1.8 万条。

除此之外,山东网络动画片的传播还注重把握地方电视台的新机遇。多家省级卫视及其少儿频道也在推动山东网络动画片的传播,借助电视平台资源和影响力,使更多的观众接触到当地或非主流的动画作品,提升山东动画行业的影响力和知名度。例如,《好习惯早知道》《快乐小村庄》《神奇礼盒》《果果成长日记》分别在河南卫视、宁夏卫视、甘肃少儿、海南少儿、江西卫视等电视频道以及爱奇艺、优酷、腾讯视频等网络平台上线、播出。

(2)传播平台连接全球

山东省网络动画片积极走出国门,寻求地方文化传播与全球连接。这种发展趋势使山东网络动画片在全国范围内乃至国际市场上都得到了更多曝光,进而促进了地方动漫产业链的升级和完善。《动车侠·未来高铁城》多次入围国际电影电视大赛。如 2023 年 4 月,荣誉全球电影大赛(Accolade Global Film Competition)公布了动画片竞赛单元的入围作品名单,《动车侠·未来高铁城》成功入围;2023 年 6 月,《动车侠·未来高铁城》获荣誉全球电影大赛"动画卓越特别奖"和"动画竞赛单元 TOP10"两项大奖。同时,《动车侠·未来高铁城》亮相众多国外展会,如 2023 年法国戛纳秋季电视节等。这标志着更多海内外人士看到了中国动画特效技术的进步与发展,为中国动画的未来发展提供了动力。

2.传播矩阵内容联动案例

由山东省节气家族动漫有限公司制作出品的《节气小精灵》的传播方式是一个典型案例。据统计,2023 年《节气小精灵》被 40 多家权威平台报道,授权企业累计超 100 家,表情包发送超 26 万次,话题阅读量超 29000 万次,累计总曝光量超 40000 万次,总覆盖人群超 1000 万。[①]《节气小精灵》通过城市 IP 的打造,为全产业链赋能,让文化流量转化为发展动能。

平度市打造的二十四节气城市超级 IP《节气小精灵》已经融入了平度市的各个角落,平度市的文化底蕴和二十四节气传统文化的魅力通过动画片的传播也为大众所熟知。《节气小精灵》的传播分为四步走。一是 2023 年 8 月 17 日,二十四节气 IP《节气小精灵》正式登录卡酷少儿开播,同时启动全国"百台联播"上映计划。二是上映当天,青岛交通广播 FM897 及15 家权威媒体联合发布"藏在 24 节气小精灵里的中国智慧"微博话题,24 小时内阅读量达 2.9 亿次,话题讨论量 3.7 万次,互动量 10.7 万次,两小时内登上青岛同

---

① 砥砺耕耘终结硕果‖《节气小精灵》2023 年度大盘点[EB/OL].(2023-12-30)[2024-03-05].https://mp.weixin.qq.com/s/a3owcqL7oXx6u0veJGYEdw.

城榜排名第 4 位。① 上映之后,《节气小精灵》5 次登上全国收视率榜单第 1 名,收视口碑双丰收。《光明日报》、新华网、大众网、《青岛晚报》、《半岛都市报》等多家权威媒体争相报道,《节气小精灵》影响力日益增强。三是《节气小精灵》文化出海,多次获得国内外大奖。2023 年,《节气小精灵》入围 4 项国际大奖的提名,荣获 3 项国际大奖和 3 项国内大奖,收获了各界的认可和嘉奖,并多次参与国外展会,提高了影响力与曝光率。四是 IP 授权持续发力。2023 年,《节气小精灵》共签约授权 7 家企业,开发衍生品 20 多款,包括盲盒摆件、捏捏乐、魔方等。2023 年 9 月 15 日,借着《节气小精灵》动画片全国热播之际,在平度市商务局的组织促成之下,“节气小精灵”专柜正式落户平度利客来超市,多款产品上架,上架当天便受到了市民的热捧,吸引了不少消费者驻足选购。《节气小精灵》衍生品走进商超,积极探索合作共赢模式,打开了 IP 衍生品市场多渠道销售路径。

(五)以全龄化、分众化、国际化为特征,受众呈现新样态

山东省网络动画行业的受众主要呈现三个特点,包括受众年龄向全年龄段转换、受众评价分化以及受众群体国际化。

1.受众年龄向全年龄段转换

总体而言,2023 年山东省网络动画片的受众年龄以低龄为主,逐渐向全年龄段转换。具体来说,《多宝一家人》、《果果成长日记》(第四季)、《快乐的小熊尼尼》的受众大多为低龄儿童。以中华优秀传统文化为创作内容的网络动画受众年龄则包括青少年及成人,逐渐向全年龄段转换,如《中华优秀传统文化系列动画片》(第二季)、《汉画故事——人物篇》。

2.受众评价分化

对于儿童及青少年成长类型的网络动画片,以及通过具有艺术性、教育性的动画内容传播中华优秀传统文化的网络动画片的评价往往较为一致,大多因其寓教于乐的特点而广受好评。而漫画改编类的网络动画片却褒贬不一,受众评价分化情况明显,究其原因,主要有以下几点。一是忠实度问题。一方面,有些观众可能会对动画片与原著漫画之间的剧情改编和人物

① 砥砺耕耘终结硕果‖《节气小精灵》2023 年度大盘点[EB/OL].(2023-12-30)[2024-03-05].https://mp.weixin.qq.com/s/a3owcqL7oXx6u0veJGYEdw.

塑造产生质疑，原著粉丝期望作品尽量忠实还原原作，这会导致部分观众对动画评价不佳；另一方面，有些改编作品可能试图重新诠释原作内容，这导致一部分观众对其采取更开明的态度。因此，观众之间产生了对于作品应该如何改编的差异认知。二是角色形象与声优配音。它直接关系到角色形象的呈现以及观众情感上的连接，如果这些要素与原作的设定相悖，会影响观众对作品的接受程度。三是制作质量。画面、动作、特效等技术方面的制作质量也会极大影响受众对于动画的评价，不同制作水平所带来的观感差异很大。四是个人喜好。每个人对于故事题材、风格的偏好各不相同，因此即使作品质量较高，也不一定能够获得所有受众的一致好评。

《无脑魔女》(第一季)作为漫改类动画，其受众评价有一定分化取向。截至2024年，回溯近90天内《无脑魔女》(第一季)的网络传播指数，其情感分析的数据表明，有92.86%的受众呈中性情感，而有7.14%的受众呈负面情感。其情绪分析数据表明，开心情绪与惊讶情绪的受众皆占9.09%，而表达好情绪的受众却不及总数的一半(见图2.7)。此外，《无脑魔女》(第一季)的传播量地区分布与媒体报道情况如图2.8所示。

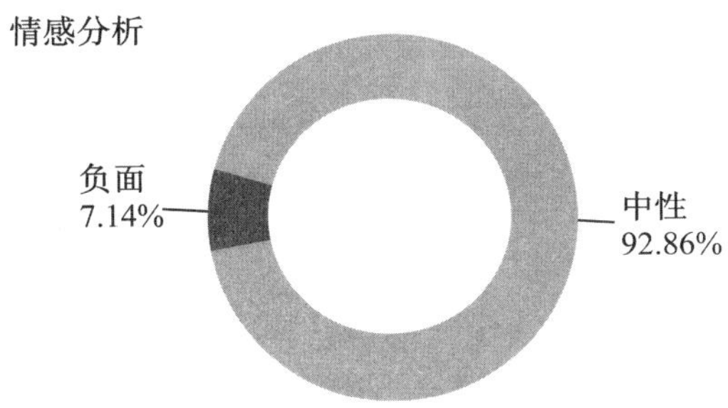

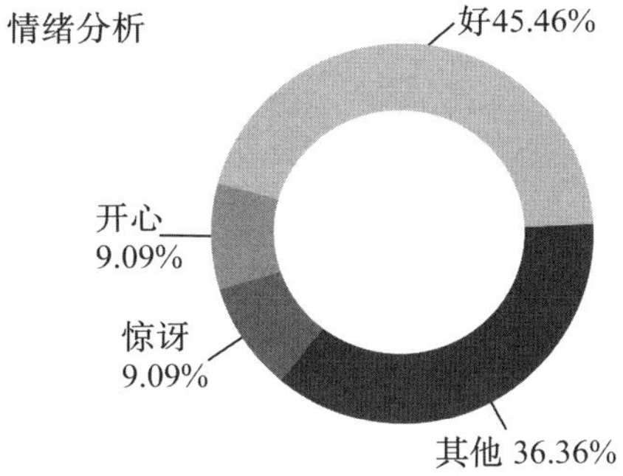

图2.7 《无脑魔女》(第一季)网络传播指数情感与情绪分析

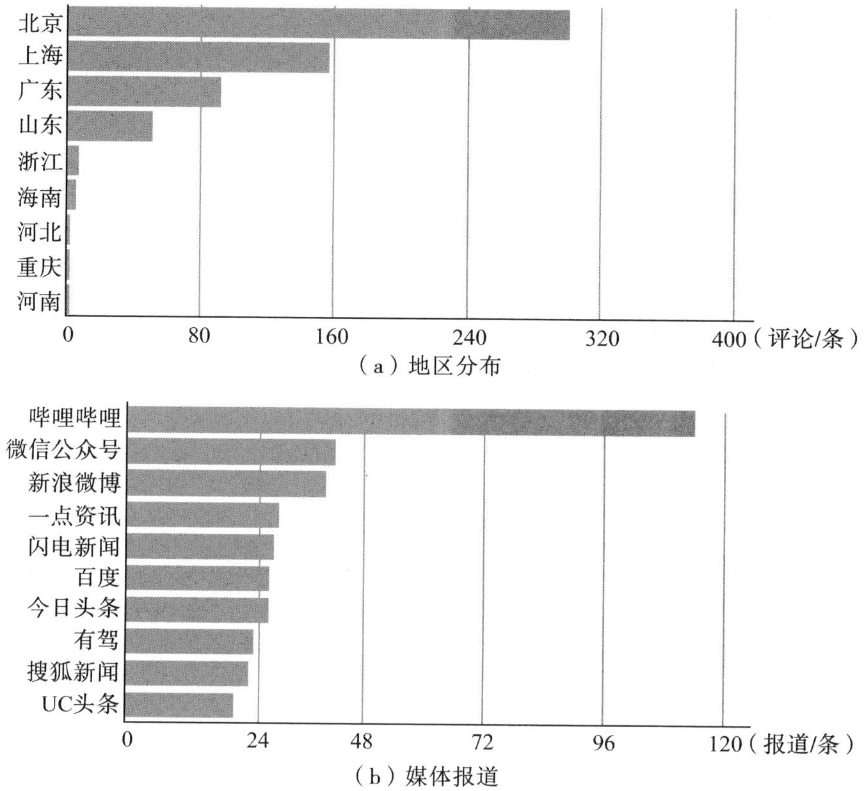

图 2.8 《无脑魔女》(第一季)传播量地区分布与媒体报道情况

3.受众群体国际化

动画片《丝路》的故事背景设定为“一带一路”,受众群体包括“一带一路”沿线国家和地区乃至全球人民。《丝路》涵盖了 14 个国家和地区的19 个历史文化景区以及山东省和国内其他省份的 16 个历史文化景区,巧妙地融合了历史、地理、人文、社会知识,以精美的画面、丰满的人物形象、流畅的动作设计和童话的视角来观察、领悟“一带一路”主题故事,让共建“一带一路”倡议在少年儿童心中落地生根。同时,作品以山东枣庄石榴文化和石榴产业为背景,巧妙地融入了地方特色,既让枣庄石榴绽放新光彩,也为展现城市形象、弘扬齐鲁文化、促进对外传播作出新贡献。

山东广电传媒集团有限公司制作出品的《五色奇玉记之灵云代码》是第

一部山东和新疆合作推出的大型动画片，山东广播电视台整合资源，聚集人才、技术优势，紧密筹备，精准立项，致力打造“鲁漫”品牌。该片取材于中华优秀传统文化，在叙事方式上，以寻宝故事架构全篇，融入了世界流行的叙事结构、叙事流程、叙事方式，在讲述中基于中国表达又兼顾其他国家的叙事思维，在传播效果层面具备天然优势。这部动画片还被中宣部立项为“丝绸之路影视桥”工程重点项目，既承载了山东“文化润疆”的历史使命，展现了“一带一路”沿线国家风俗地貌，又观照了少数民族地区青少年收视习惯，让其拥有国际化的受众群体。

（六）以头部平台为样板，助推内容生态发展与品牌合作

1.主要视频平台及其优势

根据《2023中国网络视听发展研究报告》，爱奇艺、腾讯视频、芒果TV、优酷、哔哩哔哩五大平台占据89.5%的市场份额，市场集中程度依然稳定。不过改变也在内部持续演进，长期以来的爱奇艺、腾讯视频、优酷三足鼎立态势在过去的2023年有了更明显的动摇。云和数据发布的《2023年Q3剧集网播表现及用户分析报告》显示，2023年第三季度，爱奇艺、腾讯视频、优酷、芒果TV全网剧集正片有效播放量分别为278亿次、254亿次、153亿次、28亿次，其中优酷同比下滑11%，芒果TV同比上升48%，爱奇艺、腾讯视频均超出第三名100亿次以上。据《Quest Mobile 2023内容视频化与商业化洞察报告》，爱奇艺、腾讯视频、芒果TV、优酷、哔哩哔哩月活跃用户分别为4.73亿人、4.16亿人、2.55亿人、2.30亿人、2.12亿人。2023年山东省网络动画片依托爱奇艺、腾讯视频、优酷等头部视频平台进行传播，其中，《动车侠·未来高铁城》、《果果成长日记》（第四季）、《中华优秀传统文化系列动画片》（第二季）、《多宝一家人》、《淘气猪多多之我爱画画》、《丝路》、《五色奇玉记之灵云代码》等都在以上平台上线播出。

网络视频平台如爱奇艺、优酷、腾讯视频等国内头部平台在山东省网络动画片的传播方面发挥着重要作用，其所具有的优势特点主要包括以下几点。一是具有广泛的用户基础，使得山东省网络动画片可以在这些平台上获得广泛曝光，覆盖更多受众，从而提升作品的知名度。二是流量支持，通过推荐系统和热门排行榜等功能，能够将山东网络动画片推荐给广大用户，

提升其播放量和影响力。三是原创内容扶持,提供了完善的内容创作生态,为山东网络动画制作者提供了一个展示和推广作品的平台,从而使得山东网络动画产业得到更多关注和资源支持。总的来说,山东省网络动画片在头部网络视频平台传播,不仅大大拓展了传播渠道,而且为山东网络动画片的产业链发展和商业化提供了坚实的基础,为地方动漫产业走向全国乃至全球市场提供了宝贵的机遇和平台。

2.内容生态及品牌合作

优酷全资子公司乐酷匠心(济南)影视文化有限公司在济南落地。优酷作为中国领先的在线视频平台之一,具有丰富多样的网络动画内容生态,既包括原创内容,也有海外引进内容,同时优酷借助合作制作与IP开发,构建了一个多元化、丰富全面的网络动画内容生态系统。

乐酷匠心(济南)影视文化有限公司对山东网络动画行业的内容生态有积极影响。不仅可以丰富内容供应,为山东网络动画行业带来更多优质、多样化的动画内容,而且可以通过技术输出,引入先进的动画制作技术,改善内容的制作水平,提升观众体验感。同时,优酷的品牌背书将为山东省网络动画作品提供更广泛的曝光机会,扩大其知名度和市场影响力。不仅如此,还能够通过拓展合作资源,促成与山东省本地动画创作者、企业或机构的合作,共同打造更具影响力和商业价值的作品,从而拉动整个产业链的发展。

除此之外,山东省广播电视局大力推进基于头部平台的品牌合作。重点任务之一是打造新型产业基地。把握内容生产传播、行业发展研究、行业服务培育三个重点方向,聚合内容制作、分发传播、技术支撑、行业研究、人才培育等优势资源,推动网络动画理念创新、技术创新、服务创新、业态创新、模式创新。支持基地拓展网络视听上下游产业链,把基地与IP开发、休闲度假、旅游开发、情景体验、对外传播等业态相结合,在全省打造一批动漫短视频小镇、未来视听生活创意体验小镇、短视频+直播特色小镇、网络视听出口译制基地等视听融合发展基地。

五、山东省网络短视频与直播行业扫描

（一）突出创作指导地位

近年来，山东省网络短视频与直播行业一直积极践行习近平总书记有关意识形态、宣传思想、新闻舆论、媒体融合及传承中华优秀传统文化等方面的重要论述和对山东工作的重要指示要求，并在网络短视频与直播的导向管理方面采取了一系列措施，促进行业的健康发展和规范运营。

1.健全规章制度

山东省在加强直播短视频平台管理方面采取了一系列措施。首先，通过建立健全相关规章制度，明确平台责任，加强平台审核和管理，以规范直播内容和主播行为。同时，山东省各地市积极打造直播基地。如临沂已成为北方最大的直播电商集聚地，建成了 44 处电商产业园。这些基地的建设不仅提升了山东网络视听产业的整体规模和影响力，而且促进了当地经济的发展和就业的增加。[①]

除了基地建设外，山东省也注重对直播主播的管理。制定并实施主播管理规范，明确主播的行为准则和规范，加强对主播的培训和监督，以引导主播积极向上的内容创作，杜绝低俗、暴力等不良内容的传播，为网络环境营造良好氛围。同时，山东省还加强了对直播短视频内容的管理。建立内容审核机制，加强对直播内容的监测和审查，严格审核违法违规内容，保障内容合法合规。此外，加强对直播平台的内容引导，推动优质内容的生产和传播，提升用户体验感和满意度。

不仅如此，山东省政府还制定了《山东省网络视听产业基地（园区）认定管理办法（试行）》相关政策。这些政策为网络视听产业的高质量发展提供了有力支持。从机构审批到内容生产全流程服务，再到营商环境优化等方面，都着力放大基地的辐射效应，提升自生自建能力，为网络视听产业的发展注入新动能。

---

① 山东临沂缘何成为北方最大直播电商集聚［EB/OL］.（2023-09-01）［2024-03-01］.https://mp.weixin.qq.com/s/UgjyN78W5qmXDU_o0qucFQ.

2.加强舆论引导

山东省积极开展宣传教育和舆论引导工作,加强对网络用户的引导和教育。通过举办网络安全知识宣传活动、开展网络素养培训课程等方式,提升用户的网络素养和安全意识。同时,政府还通过新闻媒体、社交平台等渠道,向广大用户传播网络安全知识和相关法律法规,引导用户理性使用直播短视频平台,共同营造良好的网络生态。

为加强网络舆论引导,促进行业健康有序发展,国家广播电视总局、文化和旅游部联合发布《网络主播行为规范》。规范共包括十八条,其中包含"网络主播应当坚持正确政治方向、舆论导向和价值取向,树立正确的世界观、人生观、价值观,积极践行社会主义核心价值观,崇尚社会公德、恪守职业道德、修养个人品德","坚持以人民为中心的创作导向,传播的网络表演、视听节目内容应当反映时代新气象、讴歌人民新创造,弘扬中华优秀传统文化,传播正能量,展现真善美,满足人民群众美好生活新需要","坚持健康的格调品位,自觉摈弃低俗、庸俗、媚俗等低级趣味,自觉反对流量至上、畸形审美、'饭圈'乱象、拜金主义等不良现象,自觉抵制违反法律法规、有损网络文明、有悖网络道德、有害网络和谐的行为"等重要内容。这些举措全面提升了网络短视频与直播行业的规范化水平,为行业的健康发展提供了有力支持。①

3.完善技术支持

山东省政府在健全技术支持方面采取了一系列措施,为网络短视频与直播产业的创新发展提供了有力支持,助力山东省数字经济蓬勃发展。

山东省政府积极引入国家广播电视总局高新视频园区中国广电·青岛5G高新视频实验园区,并在此基础上进一步加强技术支持。该园区落户山东后,举办了高新视频大赛等活动,调动了各方力量,促进了高新视频新供给和新消费的发展。这一举措为山东省数字经济发展作出了贡献,也为网络视听产业的创新与发展注入了新的动力。在技术支持下,临沂正在快速成长为与杭州、广州齐名的直播电商之都。直播电商的"临沂模式"受到全

---

① 两部门联合发文规范网络主播从业行为[EB/OL].(2022-06-23)[2024-03-01].http://whhly.shandong.gov.cn/art/2022/6/23/art_68375_10304399.html.

国广泛关注。来自快手的数据显示，临沂注册用户853万，位居全国地级市第一，商家号注册量预计达15.7万，也高居全国第一。抖音方面数据也快速增长，临沂在抖音上现有注册用户600万，这个数字还在不断刷新。现在，临沂每天的快递发单量在150万件以上。2020年临沂全市快递服务企业业务量累计完成8.8亿件，其中发往市外快递数量超过8亿件，同比增长77.14%，居山东省第一位。这一个个数据使得临沂成为与杭州、广州齐名的“直播电商之都”。①

此外，为了推动技术创新和产业发展，政府积极支持网络视听行业与科研机构、高校等开展合作，共同探索新的技术应用和业务模式。通过建立技术研发基地和孵化平台，鼓励企业加强自主创新，推动网络视听产业向高端、智能化方向发展。例如，山东广播电视大学与山东广电网络有限公司签署战略合作协议。

4.突出创作指导地位

山东省人民政府通过设立网络视听产业项目库、举办座谈会等方式，积极引导和规划网络视听产业的发展方向。这些举措不仅为创作者提供了明确的发展方向和创作灵感，而且为投资者提供了可行性研究和项目投资的参考，促进了网络视听产业的良性发展。政府的创作指导地位在整个产业链中发挥着重要的引领和示范作用。为加强对重点作品创作播出的服务，山东省人民政府举办了一系列首映式、发布仪式等活动，提升作品的知名度和影响力。这些活动既是对优秀作品的肯定和推广，也为创作者提供了展示和交流的平台，进一步激发了创作者的创作热情和创作潜力。

值得一提的是，山东举行第二届山东网络视听大会暨首届山东网络直播嘉年华活动。在该次活动中，充分发挥临沂在直播电商方面的独特优势，通过“线下集市＋线上直播”的方式，搭建直播机构、电商企业、带货达人、网络品牌展示推广平台，组织知名主播直播打卡，进一步提升山东网络视听大会知名度和临沂城市影响力。组织开展优酷街舞快闪、黄河大集·网络视听潮流市集、打卡“夜画琅琊”等群众参与性强、富有科技感时尚感的线上线

---

① 苏枫.临沂：直播电商名城的崛起之路[EB/OL].(2021-09-03)[2024-03-01].https://www.thepaper.cn/newsDetail_forward_14341237.

下特色活动。同时,举行网络视听精品节目推介会、创作研讨会,包括黄河题材重点网络纪录片《生声不息:黄河的咏叹》上线发布,我省创作的《黑土无言》《雪域高原那一抹绿》等优秀网络剧片现场推介,重点网络视听机构创作研讨、座谈交流,我省出品的精品网络电影免费展映等活动。①

山东省人民政府积极吸引优秀网络视听内容机构和文艺工作者入驻山东。引进爱奇艺、优酷等头部平台,推出一系列优秀网络视听作品。这些举措提升了山东网络视听产业的竞争力,也为推动产业的高质量发展注入了新的活力。政府的引进政策和支持措施为企业和创作者提供了更广阔的发展空间,进一步促进了网络视听产业的创新和发展。

(二)打造特色品牌IP与主流文化

近年来,山东省短视频与直播行业认真贯彻落实习近平总书记关于意识形态、宣传思想、新闻舆论、媒体融合、弘扬中华优秀传统文化等工作的重要论述和对山东工作的重要指示要求,坚持移动优先策略,坚持竖屏思维、小屏思维,推动短视频精品创作,聚力打造短视频运营矩阵,加快推进媒体融合向纵深发展。在推动媒体融合发展中,山东以提升短视频生产能力和传播能力为着力点,下大气力深化体制机制改革,将短视频作为平台建设特色、内容生产基本单元、渠道传播发力点,重塑组织架构、采编流程、技术矩阵和人才队伍,构建起以新媒体生产和传播为核心的一体化运行机制。

1.聚焦重大主题加强策划,培育特色品牌IP

围绕宣传阐释习近平新时代中国特色社会主义思想,以及深入贯彻落实党的二十大精神、学习贯彻习近平新时代中国特色社会主义思想主题教育、省委省政府中心工作等,策划开设《闪电解码》短视频专栏,坚持分众化、差异化、精准化传播,通过“深度文案+极致镜头”的生产模式,全方位、多角度、立体式呈现山东牢记习近平总书记嘱托,奋力“走在前、开新局”的生动实践。

围绕工业高质量发展,策划推出短视频专栏《工业之美》。记者走进车间、奔赴一线,创新运用第一视角、微距摄影等手段,轻量化、沉浸式展现“山

① 山东举行第二届山东网络视听大会暨首届山东网络直播嘉年华活动新闻发布会[EB/OL].(2021-06-30)[2024-03-01].http://www.scio.gov.cn/xwfb/dfxwfb/gssfbh/sd_13840/202307/t20230727_748560.html.

东智造"的韵律之美，奏响高质量发展交响曲。围绕黄河大集，策划开设短视频专栏《黄河大集·24道风味》，从中国传统二十四节气入手，推出与二十四节气相关的美食好物、非遗风俗，通过"年货大集""春游大集""手造大集""丰收大集"，带领网友体味食物美学与生活哲学，感悟自然馈赠和生命脉动。围绕文化"两创"，策划推出短视频专栏《苏小妹》，已更新120多期，全网播放量超6亿次。其中，《苏小妹说中国字》系列短视频，以中宣部《中国字　中国人》为范本进行再创作，探索文化"两创"新媒体表达，通过汉字讲述中华文明的价值导向和中国人的精神气质，被纳入山东省全环境立德树人教育体系。

山东省文化和旅游厅在短视频制作中深度挖掘当地丰富的文化和旅游资源。通过展示山东省深厚的历史文化、传统民俗以及得天独厚的自然景观，吸引观众的关注。在短视频生产中，打造"好客山东"等特色内容IP，形成品牌化的短视频系列。这些内容IP包括山东的历史文化、民俗风情、地方美食、名胜古迹等，吸引了更多观众的关注和喜爱。山东网络短视频制作借鉴创新内容表现形式，如短视频特效、VR/AR技术、动画等，以更生动、有趣的方式展现山东丰富多彩的文化和旅游资源。在短视频制作过程中，加强了社交互动和用户参与。例如，通过举办线上线下的互动活动、征集用户创意视频等方式，增强用户参与感和黏性，扩大内容的传播范围。除了在短视频平台发布外，还通过社交媒体、视频网站、电视广播等多种渠道进行推广。同时，与当地企业、景区、文化机构等进行合作联动，共同推动山东网络短视频的传播和营销。

2.坚持"正能量要有大流量"创作导向，持续放大主流传播声量

山东广播电视台坚持"正能量要有大流量"，引导全台内容创作转型升级，积极生产导向正确、内容质量高、群众喜闻乐见、适合不同媒体传播特点的优质短视频作品。设立"正能量·大流量"作品奖，鼓励优质短视频内容上首页、上头条、上热搜。

2021年10月，习近平总书记在山东考察期间，山东广播电视台策划推出《黄河从这里入海》《这里是山东》等3条短视频，在各大流量平台首页推荐，"黄河好声音"等微博话题总阅读量达到5.7亿次。2022年，围绕"山东手造"策划的短视频《绝美！山东大姐用煎饼复刻世界名画》用"诙谐＋创

意”的方式,讲述了徐海霞大姐坚守初心,让传统煎饼开出“致富花”的故事。作品全网总播放量达4.17亿次,获得国家广播电视总局2022年度优秀网络视听作品、2022国际短视频大赛优秀入围作品、山东“双百”正能量网络精品等。2023年6月,《生活帮》栏目围绕“女子寻找高速营救婴儿车主”独家策划《寻找“鲁A大哥”》两条短视频,两条短视频在抖音单一平台播放量均超过1.2亿次,近30万名网友留言互动,相关报道登上抖音、快手、微博热搜,央视新闻、人民日报微信公众号等账号也进行了转发,对塑造“美德山东人”正面形象起到了积极推动作用。

近年来,山东广播电视台坚持文化强台,推动中华优秀传统文化创造性转化、创新性发展,策划推出了《大河之洲》《长山列岛》等一批文化纪实类节目和《国学小名士》《齐鲁文化大会》等一批文化综艺类节目,形成了矩阵效应。首部全景式展现黄河入海口风貌的大型纪录片《大河之洲》在山东卫视播出后,节目团队精心制作了《凤求凰》《共同家园》《三角洲之恋》等短视频,一经推出便火爆全网。据不完全统计,相关内容全网总传播量超1.75亿次,4条话题登上全国热搜。大型系列新闻纪录片《壮阔十年》,相关稿件全网总阅读量突破4亿次,微博话题“博士回老家发现国内埋藏最深金矿体”登上全国热搜榜第一,话题总阅读量1.6亿次。首档以黄河文化为主题的大型文化综艺节目《黄河文化大会》播出期间,节目团队持续在小屏端生产黄河文化相关知识类短视频。短视频“40年3代人治理25万亩荒沙碱滩”播放量超1.26亿次,“80后女生寻根黄河痛哭失声”“张颜齐rap唱出黄河蜿蜒”等播放量超千万次。

3.贴近百姓生活,引发情感共鸣

山东网络短视频的制作特点在于抓住生活中的点滴细节,以小见大,从而展现山东省丰富的文化、经济、旅游等方面的魅力。制作团队选择了一些看似普通但具有代表性的场景、事件或人物,通过简单而贴近生活的故事,向观众展示山东省的发展变化和独特魅力。这些短视频作品并不注重场景的复杂度或制作成本,而是注重创意和内容的精准定位。制作团队采用简单的拍摄设备和基础的后期编辑工具,通过简单的剪辑、配乐等手段,快速制作出内容简洁、富有感染力的短视频作品。除了官方推广的短视频作品外,还有来自网民的自发创作。即使这些视频并不具备专业水平,但却因其真实性和贴近生活的情感而受到网民热捧。这些视频通过自媒体平台或社交媒体传播，形成了一种民间传播的力量。在制作过程中，山东网络短视频利用特定的场景和事件，如全国人大代表推介“好品山东”时的现场介绍、淄博烧烤的热闹场景等，增加内容的真实感和吸引力，从而更好地传播山东省的形象和文化。

山东网络短视频的制作团队选择了平凡人作为主要角色，而非大明星。这种选择体现了一种更真实、更接地气的生活呈现方式，能够更好地引发观众的共鸣。制作团队从平凡人的生活、工作、情感等方面展开创作，呈现出更加真实、贴近生活的内容。如淄博烧烤等短视频作品的火爆离不开全国网络大 V 和大学生的助力推介。这些网络大 V 和大学生通过自己的社交平台自发推广，将短视频内容分享给更广泛的受众群体，为内容的传播提供了有力的支持和推动。制作团队可能会积极与这些网络大 V 和大学生进行合作，共同推广短视频内容。网络大 V 和大学生以平凡人的视角来推介淄博烧烤等内容，表现出了平凡人和平凡生活的温暖真实。这种推介方式更加可信，更有温度，能够更好地引发观众的共鸣。

在制作网络短视频时，制作团队精心设计引人入胜的标题，让标题能够吸引网民的点击和关注。这些标题采用设悬念、反问、引争议、列举数字、引用金句等手法，具有一定的吸引力和引导性，让观众产生点击的欲望。同时，制作团队利用反差和热点来吸引观众的注意，通过设置突出的画面、引人注目的情节或引发争议的话题，使得视频在众多短视频中脱颖而出，引发网民的关注和讨论，从而提升视频的点击率和传播效果，让观众在观看过程中产生共鸣和情感连接，增强观众对视频的关注和认同感。

(三)培养广电系 MCN 从业人员快速成长

山东省网络视听行业中网络短视频与直播从业人员主要包括山东广播电视台从业人员，省级、市级、县级融媒体中心从业人员以及广电系 MCN 从业人员。

1.山东广播电视台从业人员组成及其培养管理

山东广播电视台由山东人民广播电台、山东电视台和山东省有线电视中心合并组建，拥有 8 个广播频道(综合、经济、文艺、经典音乐、交通、乡村、音乐、体育休闲)和9个电视频道(综合、齐鲁、农科、青少、生活、综艺、文旅、新闻、体育休闲)、2个网站(齐鲁网、中国山东网)、2个移动客户端(闪电新闻、感知山东)、1份报纸(《山东广播电视报》),新媒体端拥有山东IPTV、轻快云平台和山东手机台,已经形成了涵盖移动端、PC端、交互式网络电视(IPTV)、互联网电视(OTT)、地面数字电视(DTMB)等平台的"五位一体、三屏融合"的融媒传播格局。

其中,网络短视频与直播从业人员涉及电视频道主持人、齐鲁网、中国山东网、闪电新闻、感知山东、山东IPTV、轻快云平台和山东手机台的从业人员。对于从业人员的培养与管理,山东广播电视台多措并举,为网络短视频与直播行业的从业人员提供新机遇。一是积极深化内部机制改革,组建技术保障部,试点实行平行团队制,将技术制作服务的选择权、评价权交给节目部门;打破身份界限实行同工同酬、全口径工资考核分配制度,调动职工的积极性;取消基层管理岗设置,实行业务首席制,倡导靠业务立身、凭手艺吃饭,已评选产生首席岗位专业技术人员20名。二是大力培育践行新质生产力的干部人才队伍,统筹加强干部人才队伍建设,进一步优化干部队伍结构,加大优秀年轻干部选拔培养力度,做好事业单位工作人员公开招聘、高层次急需紧缺人才引进等工作。

2.各级融媒体中心从业人员组成及其培养管理

在媒体深度融合的大背景下,融媒体中心从业人员是网络短视频与直播的生力军。在山东省融媒体平台建设中,省级融媒体中心从业人员努力深化"一云多厨房"应用,为省内各级融媒体中心提供技术服务与业务支撑。市级融媒体中心作为省级与县级融媒体中心的中枢点,其从业人员正努力以互联网思维优化媒体资源配置和节目栏目,整合平台账号,解决同质化供给过剩问题。县级融媒体中心从业人员则着力提高内容供给能力,推动县级融媒体中心从建好、管好向用好、活好转变。

以县级融媒体中心——龙口市融媒体中心为例,其对从业人员的培养与管理主要包含以下几个方面。一是实施全员参与生产机制。出台《关于做大做强新媒体提升传播力服务力的实施方案》,落实任务到编辑记者,鼓励非编辑记者参与制作,要求全员对原创短视频作品转发、评论、点赞,通过周调度、月公布等督促机制,激发干部职工的责任感和积极性,营造人人都是短视频制作者、转发者的良好氛围。二是对从业人员进行实战集训。推动队伍年轻化专业化，将两名“80后”专业人员推上新媒体分管领导和部门负责人岗位，短视频制作团队以“90后”为主，且全部具备本科及以上学历，实现了让更有活力、敢想敢干、勇于创新的年轻头脑对接日新月异的网络宣传新要求的目标。同时，推动业务培训常态化实战化，聚焦短视频业务实战培训，组织开展一系列外出培训活动，内部每周两次实战集训，通过实战复盘、作品点评、传帮带、“借脑引智”等形式，推动短视频创新制作提质增效。2023年前三季度发布短视频1500多条，80%以上为原创内容，累计阅读量过亿次。三是推动素材采集社会化本土化。鼓励创作人员突破“八小时工作制”思想拘囿，发动亲朋好友广泛搜集本地传统文化、社交互动信息、家庭社区活动中的趣闻趣事，及时将社会活动和社区正能量事迹以短视频形式呈现出来，开辟了“讲好龙口故事，传播龙口声音”的新渠道。原创作品《“夸称夸称”家乡农特产品，俺是龙口“银”，俺为龙口“带盐”》得到全国各地龙口人的热烈反馈和热情转发，阅读量迅速突破10万次。主打“桑梓情深”感情牌的原创短视频《我是于震，我为家乡龙口代言》等，总阅读量超110万次。

3.广电系MCN从业人员组成及其培养管理

山东广播电视台闪电MCN-Lightning TV成立于2019年12月18日，吸收全省主要广电媒体机构及主持人、记者、专业领域达人等139个内容创作账号入驻，签约百余位正能量主播。

MCN-Lightning TV有3支团队——内容运营团队、电商事业团队和渠道运营团队，共同协作，协同配合。内容运营团队负责主播账号的孵化、“人设”打造、活动策划、短视频和直播内容运营、培训等业务；电商事业团队负责MCN-Lightning TV的商业化模式引入、供应链拓展和客户维护；渠道运营团队负责平台运营策略的接入和谈判，资源对接、数据分析及玩法迭代。内容运营团队的绩效按账号成长指标和内容生产量考核。内容运营团队、电商事业团队和渠道运营团队均对MCN及公会运营负责。按照台里的相关规定，互联网平台矩阵账号收益作为奖励归运营团队所有，团队成员根据运营收益状况获得绩效奖励。

MCN-Lightning TV不断推出IP孵化计划，不断拓展其从业人员的边界。2019年与字节跳动达成战略合作，全面入驻抖音、今日头条、西瓜视频等平台,并联合推出“光芒计划”,通过给予签约 IP 流量扶持、奖金激励、直播赋能、原创内容保护、全方位运营指导以及商业变现支持等政策,共同开启 IP 合作。2020 年,MCN-Lightning TV 推出“正能量主播计划”,签约山东台主持人丛丛、张大琪、海丽等 70 余位广电优质主持人、专家、社会达人。

MCN-Lightning TV 的从业人员中,主播团队自主可控,借助融媒体中心的主持人资源,初期便可以快速调动主播转型,搭建垂类丰富的个人 IP 矩阵。在主体和达人关系方面,广电机构与主播之间的关系链比商业机构更强,广电机构不是内容的中间商,而是内容的生产方,与主播利益同体、共同成长。借助体制和背书效应,广电机构与主播之间也有着稳定性更强的契约关系,这种效应可以传导到社会化“网红”运营机制上,帮助广电机构获取更多的创作者资源,也有助于净化、规范内容创作人才市场秩序。

(四)构建“N+N”模式的国内国际传播矩阵

2023 年山东省网络短视频与直播传播矩阵包含以下三个方面。一是以“媒体+政务+商务+服务”为导向的传播矩阵,二是以 MCN-Lightning TV 为中心的 MCN 传播矩阵,三是以“2 网+2 端+N 海外账户”为布局的国际传播矩阵。

1.以“媒体+政务+商务+服务”为导向的传播矩阵

2023 年召开的全省广电新媒体宣传工作会议成立了全省广电新媒体宣传矩阵,矩阵由山东省广播电视局牵头、各市文化和旅游局(新闻出版广电局)参与,山东广播电视台、山东教育电视台、16 家市级广播电视台以及县级融媒体中心等共建,整合 146 个广电新媒体客户端,“抱团”向移动互联网主战场纵深挺进。同时,会议要求广电新媒体宣传工作要拓展“媒体+政务+商务+服务”等功能。

基于此,山东广电全要素进入新媒体。推进内容垂直化,以文化、教育、健康、心理为重点垂类运营方向,推进传播流量化,在微博、抖音等平台完成“超级账号”任务,保持大流量和热榜数量;在微信视频号探索垂类账号运营与私域流量变现;充分发挥闪电 MCN 和 16 市、县级融媒体中心资源优势,打造传播矩阵。推进互动社群化,采取工作室模式,培养专业主播、写手及新媒体互动运营人才;以线上线下互动等方式精准筛选用户,组建微信社群等，建立相对闭环的私域。

2023年山东省网络短视频与直播以“媒体＋政务＋商务＋服务”为导向进行传播矩阵建设。用好抖音、快手、微博、微信视频号、哔哩哔哩等重点商业、社交平台账号，把好的内容、好的故事传到网上，让正能量形成大流量。由中共济南市委宣传部、山东博物馆、济南市文化和旅游局、济南广播电视台联合打造的首部4K超高清黄河流域文物活化短视频《从河说起》于2023年3月17日在优酷和腾讯视频的纪录片频道上线。视频力求通过“文化＋科技”“艺术＋技术”的创作理念，坚持传统文化的深度挖掘和新潮表达，找准传统文化和现代表达的契合点，展现山东省沿黄城市博物馆珍贵的馆藏文物，以独特视角让文物活化，让历史说话，从文物角度解读黄河文化。同时，栏目将以《从河说起》视频为基础，积极探索“文化＋产业”运营新模式，创作“从河说起”国风文物沉浸式演出；推出省级校园文化品牌——“行走的黄河思政课”，组织“文物修复进校园”活动；助力博物馆搭载VR技术，把黄河高质量发展内容做深做强，成为沿黄城市的重要文化符号等多种形式，让古老的文化穿越历史，穿透荧屏“活”起来，“火”起来。

不仅如此，各级广电新媒体共同策划、制作主题内容，开展联动直播活动。如山东广播电视台、济南新旧动能转换先行区、京东智联云、MCN-Lightning TV联合举办的双十一直播活动；山东广播电视台、阿里巴巴、淄博市沂源县人民政府联合举办的电商助力乡村振兴——沂源红苹果直播大会；山东省商务厅、山东广播电视台主办，16市商务主管部门、国美电器、山东广播电视台融媒体中心承办的“山东消费年·暖冬消费季”暨直播电商16市巡回活动等。

2.以MCN-Lightning TV为中心的MCN传播矩阵

MCN-Lightning TV拥有139个正能量账号，包括形成正能量矩阵的媒体号以及主播号矩阵。截至2023年，MCN-Lightning TV旗下账号短视频内容累计总播放量破2989亿次，点赞52亿次，粉丝突破1.6亿。

区别于其他广电媒体MCN，拥有体量庞大、运营扎实、专业权威的新闻垂类媒体账号是MCN-Lightning TV的核心特色。MCN-Lightning TV依托广电自身优势签约账号166个，其中以新闻栏目、热点资讯、民生趣闻、生活服务为定位的媒体类官方账号就有96个，这些账号汇集的粉丝体量超过MCN-Lightning TV总粉丝量的八成，是MCN-Lightning TV最核心的价值和资源,具有极强的议题设置和热点联动能力,且在各垂类领域账号中最具生命力和活力,帮助 MCN-Lightning TV 持续输出影响力和存在感。也因此,MCN-Lightning TV 新闻矩阵在议题设置和热点打造上优势明显。比如,MCN-Lightning TV 联动今日头条、抖音共同发起了“为你读书”“笑容助力全民 dou 战疫”“为她点赞”“致敬 24”“战疫助农”“了不起的山东人”“山东 dou 知道”等话题,打造了多个爆款,助力主题宣传。其中,“这就是山东”话题总阅读量达到 61 亿次,成为省内第一大政务话题;“了不起的山东人”话题阅读量超 15.7 亿次,成为本地正能量人物宣推最大“超话”。

MCN-Lightning TV 拥有 200 多个合作品牌。合作平台包括今日头条、抖音、西瓜视频、快手、微视、百度、新浪微博、新浪新闻、腾讯新闻、凤凰新闻、搜狐城市等。MCN-Lightning TV 与各大品牌本着资源互补、深度互融的发展理念,发挥各自优势,联合打造“新媒体创作者+内容孵化平台”,从实战培训、IP 打造、矩阵运营、电商赋能及内容商业化等方面入手,助力主流媒体内容聚合能力提升,助推创作价值挖掘,探索以基地模式开展更深层次的 MCN 运营。在商业合作方面,账号孵化与短视频定制、课程培训与账号代运营、电商直播与基地建设是 MCN-Lightning TV 发展的主要模式。如 MCN-Lightning TV 与字节跳动推进深度合作,落地“山东广播电视台 & 字节跳动新媒体孵化园”, 同时与各平台开展广泛合作,先后与腾讯视频、百度达成战略合作,成立“山东广电 & 百度智慧媒体实验室”。

MCN-Lightning TV 整合和调动全省区县融媒资源,聚合优势明显。依托山东广电融媒体,借助融媒体的区县通联渠道以及区县融媒体中心省级大平台的技术支撑,MCN-Lightning TV 聚合并打造了辐射最全的区县账号矩阵,涵盖山东全省区县媒体,成为 MCN-Lightning TV 矩阵的主力军。它们也是 MCN-Lightning TV 的首批入驻成员,是 MCN-Lightning TV 内容创作的重要来源,助推孵化了“日照东港发布”“掌上五莲”等一批粉丝过百万的下沉媒体 IP。

同时,济南广播电视台率先与头部短视频机构共建短视频孵化品牌——“鹊华 MCN”,打造新闻宣传新高地和智慧短视频新生态。鹊华 MCN 目前旗下签约账号 300 多个,涵盖新闻资讯、搞笑剧情、健康养生、好物种草等多个领域,全网粉丝量突破 6000 万。鹊华 MCN 的传播特点主要包含以下几个方面。一是放大广电优势，推进主持人 IP 破圈。鹊华 MCN 为主持人量身定制特色专属账号，将鲜活的“网感”话语融入喜闻乐见的短视频中，从而吸引更多的粉丝，实现从广电主播到网络 KOL（关键意见领袖）的转变。主持人 yoyo、颢鑫账号“出圈”，全网粉丝量纷纷突破 1100 万，受到业界的广泛关注与肯定。海沫、劲彬等一大批主持人成为具有广泛新媒体影响力的百万“网红”，将主流价值扩展到了广阔的新媒体空间。二是打造媒体资讯类、城市品牌融媒宣传类账号，讲好城市故事。打造“鹊华视频”文化 IP，打造专属文化符号，向世界展示全面、立体、真实的泉城形象，已推出《毛泽东在济南》《济南战役》《齐长城》《泉之城》等系列短视频作品上百期，累计阅读量突破 2500 万次，点赞量 22 万，努力形成广泛的城市认同、文化认同、方向认同。推出《关于做大做强“鹊华 MCN”品牌的实施办法》，鼓励各频道、频率在保证正常播出的情况下，制作适合移动端收看的内容，向抖音、快手等头部主流平台输出，先后推出“济南广播电视台”“济南电视台生活频道”等媒体号，积极传递正能量，讲好济南故事。三是构筑多元运营模式，提升新媒体资源变现能力。鹊华 MCN 逐步构建起以内容生产和运营为内核，整合营销、内容电商、品牌活动等多点开花的多元发展格局，先后承接了济南市行政审批件短视频账号、莱商银行短视频内容服务。多名主持人全网粉丝量已打破千万，账号的商业价值也日渐凸显，与宝洁、雪碧、雅诗兰黛等知名品牌开展短视频广告合作，变现能力持续提升，为广电主持人转型、主力军挺进主战场探索了一条可行之道。

除此之外，“星空 MCN”旗下账号总播放量 6300 亿次，总粉丝量超 5600 万。古麦嘉禾、贝壳视频成长为国内头部 MCN 机构。闪电新闻、海报新闻、山东有线享 TV、果然视频、天下泉城、蓝睛、新黄河等网络新媒体平台快速壮大，产业活力进一步激发，动能更加强劲。培育“闪电新闻”“山东卫视”“齐鲁频道”“生活帮”“一切为了群众”等五个全网粉丝量过千万大号。2023 年，共有 75 件作品被全国广电新媒体联盟推送，位居全国省级台前列；全年共创作生产点击量 5000 万次以上短视频 78 条，其中点击量过亿次的优秀短视频 28 条。

3.以"2网+2端+N海外媒体账户"为布局的国际传播矩阵

打造以"2网(中国山东网、齐鲁网)+2端(新感知、闪电新闻)+N海外媒体账户"为布局的国际传播矩阵。其中,2023年,闪电新闻客户端下载量达1.056亿次,闪电大平台注册用户1.017亿,闪电矩阵全网日均流量1.24亿次,日活用户达127万,日均发稿量超5000条,闪电新闻短视频账号全网阅读量超190亿次,影响力稳居山东媒体榜首。① 同时,孵化特色海外媒体账户,"小切口"打造垂类账号,围绕鲁菜、中国字、说山东等,打造"爱吃的东小妹""孟夫子说中国字""小龙韩语说山东"等账号。

依托国际传播矩阵,山东广播电视台大力推进"视听山东"品牌创建工程,统筹协调全省网络视听制作资源,创作一批传播主流价值、文化特色鲜明、体现山东特色、叫好又叫座的优秀网络视听文艺作品,充分利用网络直播、短视频、公众号等新视听媒体形式,强化在移动端、社交平台的精准化投放,支持进行多语种翻译制作,鼓励、扶持并推动作品在海外媒体平台推广播出,积极打造海外新媒体"视听山东"专区、"视听山东"专栏,在国际知名影视节展上设立"视听山东"展台,提升"视听山东"在全球的知名度和影响力,彰显齐鲁文化风韵,展示山东发展成就。

除此之外,2022国际短视频大赛"绽放之夜"暨2023"新时代·新视界"视听共享全球播映启动仪式在济南举行,围绕"一带一路""全球文明倡议""全球发展倡议""人类命运共同体""中国式现代化"等主题,通过多彩的影像,向全球观众讲好中国故事,展现中国精神、中国价值、中国力量,以文化"两创"为引领,以建设国际传播强省为目标,立足全国、全网、全球构建全媒体传播体系,奋力书写推动中华文化走出去齐鲁篇章。此次活动为山东省网络视听行业高质量发展搭建了新平台,为提升国际传播能力、增强中华文明传播力影响力开辟了新路径,为山东省网络短视频与直播发展注入了新动能。

(五)受众关注度高且具有多样聚焦点

以"山东省短视频""山东省直播"为主题词,2023年11月的全平台数据共256872条。其中,根据传播趋势数据可知,山东省网络短视频与直播的

① MCN-Lightning TV[EB/OL].[2024-03-05].http://mcn.iqilu.com.

受众活跃度较高，受众分布于多种传播平台且传播趋势居高不下。

2023 年山东省网络短视频与直播的受众状况分析主要包括受众基本情况、受众情感与情绪、受众关注重点三个方面。

1.受众基本情况

除了新闻媒体、资讯媒体、政务、企业等，山东省网络短视频与直播的个人参与度最高，占比高达 27.72%，其次是新闻媒体，占比 19.44%（见图 2.9、图 2.10）。

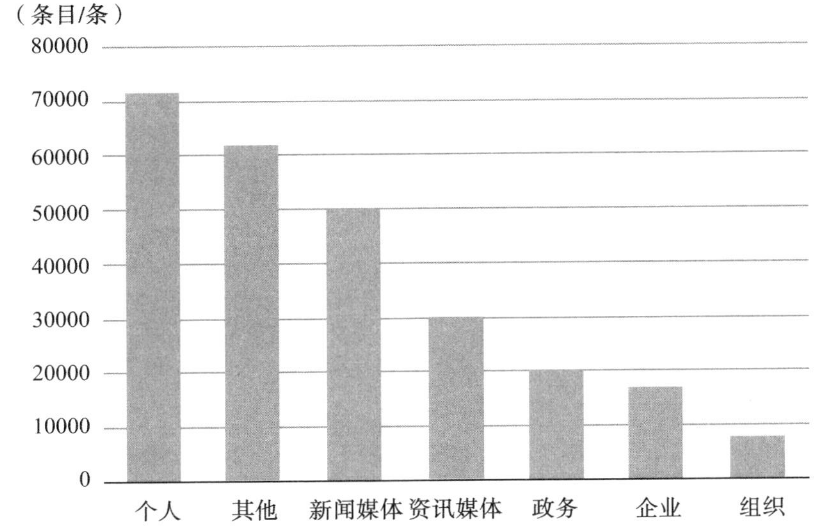

图 2.9　不同类型传播平台参与度

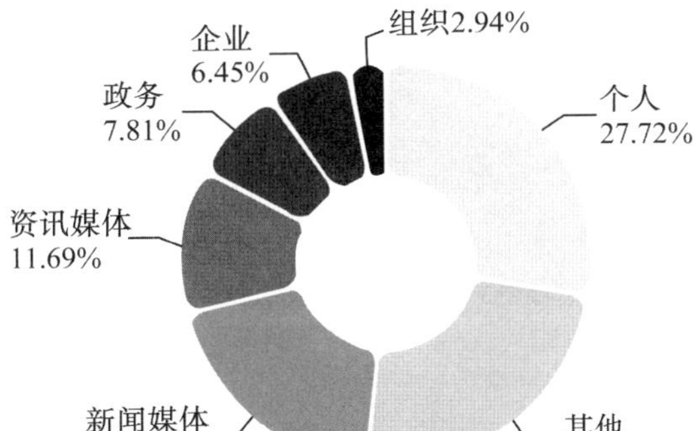

图 2.10　不同类型传播平台参与度占比

根据传播平台类型占比数据可知，山东省网络短视频与直播的受众传播平台涵盖微信、网站、APP、视频平台、头条号、微博等，在微信平台的受众数量最多，占比 26.75%。

根据 IP 属地排名数据可知，山东省网络短视频与直播的受众多为山东省本地人，其次则是来自北京、广东等地的受众(见图 2.11)。

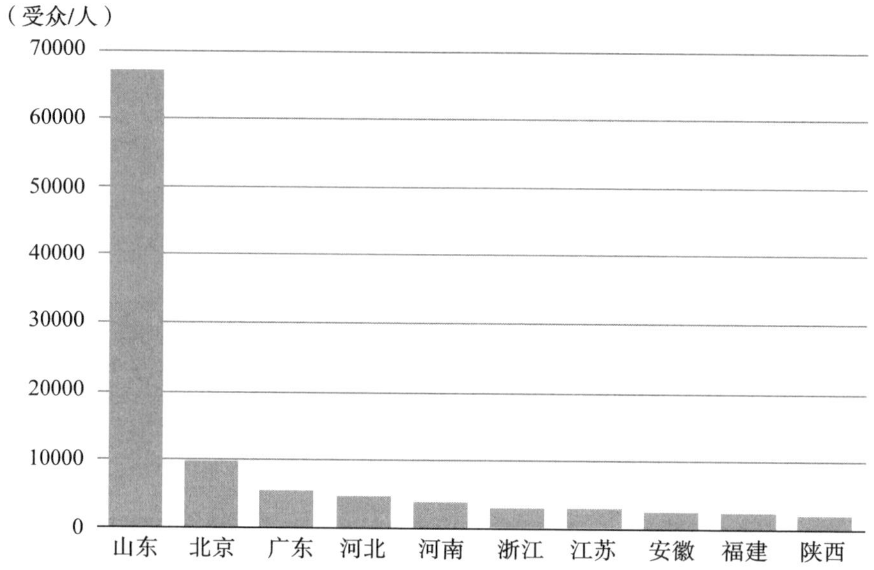

图 2.11　山东省网络短视频与直播受众的 IP 属地排名

根据用户性别占比数据可知，山东省网络短视频与直播的受众多为男性，占比 68.14%，女性则占比 31.86%(见图 2.12)。

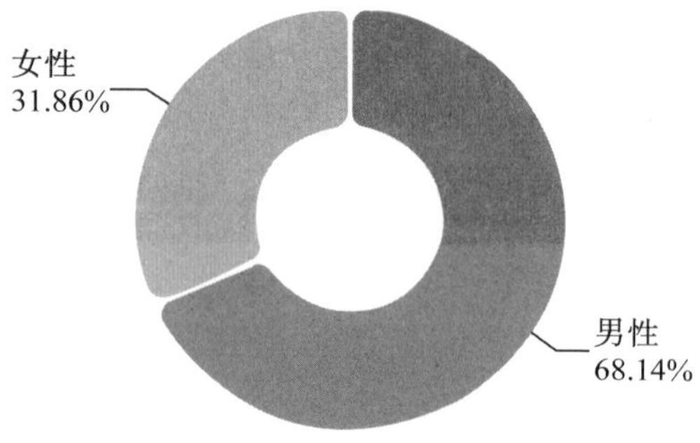

图 2.12　山东省网络短视频与直播受众的用户性别占比

2.受众情绪

根据情绪走势数据，赞扬趋势最明显，喜悦情绪也较高。根据情绪占比数据可知，赞扬情绪高达66.18%，喜悦情绪位居第二，占比10.49%(见图2.13)。由此可知，2023年山东省网络短视频与直播作品得到了受众的高度好评。

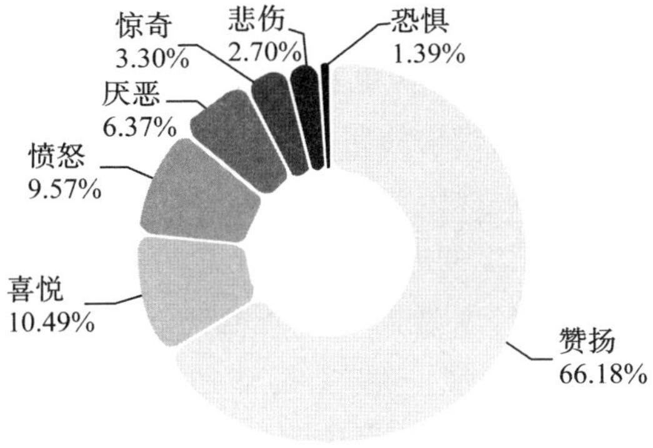

图2.13　山东省网络短视频与直播受众情绪占比

3.受众关注重点

根据热门主题词数据与词云图可知，山东省网络短视频与直播受众的关注重点主要包括“企业”“文化”“平台”等，其数量分别为40227条、38746条、31041条(见图2.14)。

图2.14　山东省网络短视频与直播受众的关注重点主题词词云

广电系 MCN 的入局推动了企业合作与发展,“企业”成为受众关注重点。首先,广电系 MCN 的入局是推动媒体深度融合的有益尝试,让主流媒体的价值输出和影响力向着更加 IP 化、纵深化、社交化、产业化、机构化的方面全方位迈进。其次,广电多年来根植本地,政企资源丰富且牢固,广电 MCN 的入局将与社会化 MCN 机构在区域供应链资源及政府资源的再分配上起到催化作用。以 MCN-Lightning TV 为例,MCN-Lightning TV 孵化于融媒体中心,天然具有大小两屏相互助力、高度联动的黏性,在商业化路径和变现渠道上也可以顺畅地向“电视+Lightning TV”融合,走资源型全媒传播机构以及服务型孵化机构的路子,对于企业发展来说是新的机遇。

将文化“双创”运用于短视频与直播创作中,受众对“文化”关注度高,如网络直播节目《“一带一路”上的非遗》是受众喜闻乐见的文化类网络直播节目。《“一带一路”上的非遗》入选国家广播电视总局 2023 年度优秀网络视听作品。网络直播节目《“一带一路”上的非遗》由青岛广播电视台等全国 8 家省、市媒体接力直播,带大家从重庆荣昌夏布开始,感受“一带一路”沿线浙江径山茶宴、广东上川黄连胜醒狮舞、河南少林功夫、湖北汉绣、四川蜀绣、陕西唐三彩、山东胶州大秧歌的非遗魅力。

山东省网络短视频与直播的平台矩阵布局初见成效,平台成为受众关注的重点。根据《2023 中国网络视听发展研究报告》,2022 年短视频以 10.12 亿用户规模位列网络视听的第一大应用,推动庞大市场潜力迸发,短视频领域市场规模达 2928.3 亿元,占泛网络视听产业的市场规模的 40.3%,是产业增量的主要来源。值得注意的是,近四分之一新网民因短视频触网,短视频平台的“拉新引流”能力可见一斑。就竞争格局而言,短视频头部平台市场集中效应明显。根据《2023 中国网络视听发展研究报告》,第一梯队抖音、快手共同分割 59.5%的市场份额,牢牢占据金字塔上层;由快手极速版、抖音极速版、西瓜视频构成的第二梯队占据 31.1%的市场份额,值得注意的是,第二梯队均属于抖音、快手旗下;余下的抖音火山版、好看视频、微视等占据不到 10%的市场份额。山东省网络短视频与直播的传播平台也处于国内的大浪潮中,山东省的短视频平台已然成为网络视听产业增量的主要来源,受众也在日常生活中真切地感受到“平台时代”的来临。

(六)自主平台与头部平台双轮驱动

1.平台总览

山东省直播和短视频以山东省官方媒体为主要发布主体，通过结合不同主题相关直播活动进行意识形态领域相关建设，所使用的直播平台大多为微博、抖音、快手等年轻人聚集、受众较广、流量较大的短视频平台或社交媒体平台。如2022年10月由山东消防组织的“蓝焰星计划　主播请就位”网络直播大赛所选取的合作平台方为抖音。[①] 其余各类不同主题的相关直播活动所承接的平台方也以抖音、快手、微博等平台为主，2024年由山东省举办的“文化进万家——视频直播家乡年”活动联合抖音、快手、微信视频号、腾讯视频、哔哩哔哩、微博、酷狗音乐、小红书、百度等网络平台共同开展[②]，鼓励人们用镜头记录身边的非遗，进行展播或直播，打造内涵丰富、能量满满、群众喜闻乐见的线上文化活动，营造欢乐吉祥、温暖和顺的中国年氛围。

可以发现，随着互联网文化的深入发展及当下直播短视频平台的强势崛起，在外部平台上，山东广播电视台携手头部电商、直播平台共同举办人民喜闻乐见的直播活动以提高受众关注度和流量，使传播效果达到最佳。

2.闪电新闻：自主研发把握主动权

在推动媒体融合发展中，山东广播电视台以提升短视频生产能力和传播能力为着力点，下大气力深化体制机制改革，将短视频作为平台建设特色、内容生产基本单元、渠道传播发力点，重塑组织架构、采编流程、技术矩阵和人才队伍，构建起以新媒体生产和传播为核心的一体化运行机制。[③]

2017年1月，闪电新闻客户端上线。上线伊始，闪电新闻即定位以直播和视频为特色，聚焦短视频平台建设。截至2023年6月底，闪电新闻累计下载量超8270万次，年均生产短视频超10万条，在40余家聚合平台、短视频平台

---

① 山东消防“蓝焰星计划　主播请就位”网络直播大赛明日开赛[EB/OL].(2022-10-25)[2024-03-07].https://mp.weixin.qq.com/s/J90utFVhLNh69Wb3bzQlkA.

② 山东省“文化进万家——视频直播家乡年”活动，诚邀您参与[EB/OL].(2024-01-18)[2024-03-07].https://mp.weixin.qq.com/s/yn_zFMKaC3amrXCnuH6CsQ.

③ 杨哲，李翔睿.独家专访|成为省内第一大媒体MCN矩阵，山东广电做对了什么[EB/OL].(2021-10-26)[2024-03-07].https://mp.weixin.qq.com/s/JpphNKnCisWwUd8rFHaNzA.

开通近百个账号,全网年均流量超150亿次,先后荣获"指尖融媒榜"最具影响力广电融媒平台/产品、全国广电媒体融合成长项目、"新时代·新品牌·新影响"广电媒体融合新闻品牌,成为全国领先、特色鲜明的平台型新媒体。

在推进平台化运营中,闪电新闻注重从"闪电新闻"向"闪电"转型,重点打造"闪电轻应用"内容创作平台,已吸纳1300余个政务、媒体、机构、个人创作者,尤其是短视频内容创作单位入驻。目前,闪电新闻已开设政务号139个,每天发布各种政务类短视频内容,成为山东最大的政务新媒体传播阵地。

在推动短视频发展中,由山东广播电视台自主研发的闪电云平台起到了至关重要的作用。闪电云平台集合了新闻资讯采集、发布、传播、联动等功能,打通了"策、采、编、审、发、评"新闻生产全流程并统一"上云"管理,搭建起"一次采集、分类制作、定向推送、多屏分发"的小屏优先生产模式。该系统为短视频内容的便捷化、智能化生产、传输、传播提供了一体化服务方案,大幅度提高了制作效率、降低了制作成本。

2019年1月,根据中共山东省委宣传部统一安排,山东广播电视台开始承担建设山东省县级融媒体中心省级技术平台,打造覆盖全省的闪电云平台。截至2024年5月,全省136个县、市、区全部完成平台建设并与省平台打通,形成"全省一盘棋、共享一朵云"的格局。经过迭代升级,闪电云平台成为山东省省级融媒体技术平台,平台注册用户超过2600万,构筑起一个覆盖全省、互联互通、协同高效、安全可控的融媒体生态圈,为全省短视频生产全面赋能。

为抢抓短视频平台发展机遇,2019年起,山东广播电视台相继推出星空传媒MCN、闪电MCN-Lightning TV,在抖音、快手等平台进行深度短视频运营,吸引全省主要广电媒体机构及主持人、记者等内容创作账号入驻。截至2024年5月,星空传媒MCN、闪电MCN-Lightning TV旗下账号总粉丝量突破2亿,培育了一批粉丝量过千万的大流量账号。

2023年,山东广播电视台以短视频创作与账号运营为抓手,成立"正能量、大流量"新媒体账号运营"特战队"。与流量平台实现常态化联动和每日选题沟通,精准制作推广适合不同平台传播的正能量产品。2024年5月,闪电新闻全平台粉丝总量超5000万,多次在各平台的月度及年度数据榜单中排名省内第一、全国前列。“闪电新闻”抖音号累计阅读量超500亿次，微博平台热搜话题阅读量近400亿次。“齐鲁频道”全平台粉丝量2650万，“生活帮”全平台粉丝量1627万，“一切为了群众”全平台粉丝量1434万。

在内部组织架构上，成立了文化、教育、健康、海洋、中长视频、专题和纪录片、闪电智媒、品牌IP运营、《诗画山东》、数字产品等10余个工作室；在品牌打造上，孵化了政能量、闪电解码、追光记、闪电评论等100多个优质闪电号，将品牌优势转化为发展优势；在账号运营上，培育了闪电新闻、山东卫视、生活帮、一切为了群众、齐鲁频道等5个千万级粉丝账号；在内容特色上，持续发力短视频和直播领域，短视频年生产能力超18万条，闪电直播近2万场次；在产品运营上，闪电新闻客户端下载量达1.056亿次，闪电大平台注册用户达1.017亿，同时，山东广播电视台发挥广电媒体优势，打造主持人、出镜记者融媒主播运营“特战队”。2023年，山东广播电视台在抖音、快手等平台融媒主播活跃数、短视频内容发布量均位居全国省级广播电视台前列，“帮主阿速”抖音账号、快手账号综合表现良好。在树立山东良好形象、公益帮扶、生活服务等领域，山东广播电视台主持人、出镜记者、融媒主播成为具有媒体特质的“正能量网红”。

闪电矩阵全网日均流量达1.24亿次，完成了3个亿级目标。可以说，“十百千万亿”工程构建了多元化主体共同参与、多维系统共同推进的高质量、一体化、可持续内容生产传播新生态，进一步激活了内生动力。

第三章　发展模式分析

一、山东省融媒体平台赋能行业发展模式

2023 年 12 月，山东省广电新媒体宣传工作会议在济南举办，会上建立全省广电新媒体宣传矩阵，该矩阵由山东省广播电视局牵头、各市文化和旅游局（新闻出版广电局）参与，山东广播电视台、山东教育电视台、16 家市级广播电视台以及县级融媒体中心等共建，整合 146 个广电新媒体客户端，“抱团”向移动互联网主战场纵深挺进。[①] 当前，山东省各地融媒体平台积极在“省级—市级—区/县级”的三级传播格局深度融合，通过化散为聚、攥指成拳，合理布局、高效开发，实现平台建设与网络视听产业有效对接，为网络视听产业创新发展积极赋能。

在平台建设方面，当前，山东省 16 个市级广播电视台中有 14 个建设了融媒体内容生产分发平台，12 个建设了调度指挥平台，实现了视听、新闻等节目的一次采集、多元汇聚、多元生成、多端分发。其中，德州市已实现了省、市、县三级贯通，构建了“省级技术平台为平台、市级融媒体为中间节点、县级融媒体为终端网点”的一体化全媒体传播体系。同时，济南、济宁、德州等市已组建综合性新媒体统筹部门，统一运营台内主要账号等新媒体业务，临沂、日照等市的新媒体业务则由各频道栏目各自运营。

---

① 全省广电新媒体宣传工作会议在济南召开[EB/OL].(2023-12-19)[2024-03-07].http://gd.shandong.gov.cn/articles/ch02364/202312/edc29d82-53dc-4bf9-8436-df92d8e636a7.shtml.

在媒体矩阵层面，山东省16个市级广播电视台均已打造本地移动客户端，济南台的“天下泉城”客户端和青岛台的“爱青岛”客户端，下载量分别为750万次和692万次，潍坊台的“快上云”客户端下载量也达到100万次以上，其他市级广播电视播出机构的移动客户端下载量也都达到几十万次。[①]此外，各市在央媒和省媒新媒体端以及今日头条、抖音、快手等第三方商业平台开设官方账号，实现多平台入驻，形成全方位、多角度全媒体矩阵，实现网络视听作品传播与宣传的新阵地建设。

（一）融媒体平台的发展特征

1.建立高匹配度的运行机制

运行机制并非仅以大体量为目标，重点在于其与团队实际情况实现匹配。日照市岚山区融媒体中心就立足人员少（39人）、队伍年轻（平均年龄30岁）实际，聚焦网络视听内容生产，探索走出了一条“小体量”彰显“大格局”的岚山路径。在采编体系方面，岚山区融媒体中心以短视频传播为核心，报纸、电视、微信、微博、头条、抖音等一体运维管理、协调联动，实现了“报、台、网、微、端”为矩阵的全媒体传播，形成了差异化、分众化、立体化的“小而全”产品体系；在人才建设方面，岚山区融媒体中心倡导个人独立完成“采、写、编、制”全过程，培养“一专多能”的复合型新闻传播人才，打造一支“提笔能写，对筒能讲，举机能拍”的“小而专”全媒体记者队伍；在考核机制方面，岚山区融媒体中心坚持公平公正、绩效优先、奖优罚懒、鼓励创新原则，实行全员积分制考核，搭建“小而灵”的专业技能培养体系。[②] 立足于如此“小体量”但“高匹配度”的运行机制，岚山区融媒体中心按照作品项目化、项目清单化、清单责任化原则，在“以比促干”的氛围中培育了更多质量高、流量大的网络视听作品，如自主开办的《小城味道》《二十四节气》网络视听专题片栏目，被大众网外文频道、省市外宣平台进行了重点转载推介。

2.构建多元协同的视听生态圈

网络视听产业并不能仅靠单一平台的赋能，而是需要多元主体协同，在

① 关卫华，崔元准，宗茜，等.山东省市级广播电视播出机构发展情况探析[J].现代视听，2023(2):62-65.

② 国家广电智库.【案例】“精”文化助推产业“强”的岚山实践[EB/OL].(2023-04-28)[2024-03-07].https://mp.weixin.qq.com/s/-Qi1WTjOf35oWOz20KlHOQ.

主动融通与深度合作中提振产业生态循环发展的强大内生力。日照广播电视台以“大直播”为根本理念，构建以“直播日照”客户端为中心，融通微信、抖音、快手、央视频、今日头条、微博及日照网等 N 个网络平台，实现“1＋N”直播日照融媒矩阵的构建。目前，新媒体客户端用户规模 130 万，月活跃用户数 70 万；在其他平台开设账号 13 个，用户规模 2400 万，月活跃用户数 1200 万。直播日照微信公众号、视频号用户量均为 130 万，市域内排名第一；抖音号粉丝量 1600 万，居全国电视媒体前十位，山东省第一位。① 日照市融媒体平台主动发挥“1＋N”直播日照融媒矩阵示范作用，带动日照市各频道、频率的新媒体平台对标其经验，打造各自的新媒体矩阵，积极为网络视听生产与传播赋能，实现 MCN 矩阵一体化发展。当下，日照市共有 47 个融媒体账号，总粉丝量已突破 3000 万，在“1＋N”直播日照融媒矩阵“高峰”的基础上，逐步形成融合传播的“高原”，构建起全域覆盖的网络视听生产传播生态圈。

3.积极进行资源整合重组

探索网络视听产业发展新路径，需要统筹传统资源与新生资源的发掘和调整。

基于当前受众需求与市场环境的变化，济南市广播电视台积极进行资源重组，一次性撤销影视、商务等 4 个频道，理顺机制，将撤销的 4 个电视频道分别调整为影视事业部、文旅体育事业部、商务事业部、科教事业部。此外，济南市广播电视台推出适应当前短视频风口的鹊华 MCN 城市 IP 孵化项目，签约账号 310 多个，总粉丝量已突破 6000 万。积极探索“网红＋直播”新模式，推出新春直播首秀“超然楼上超然游”，千万级“网红”主持人 YOYO、颢鑫化身“二安”，与海内外侨胞同频共振，展现济南优秀传统文化。“主持人 yoyo 酱”“主持人颢鑫”IP 成功破圈，刷屏四大平台热搜榜单，全网粉丝双双突破千万，得到各大行业先锋媒体和平台的关注与认可。② 基于对

① 国家广电智库.【案例】“直播日照”建强融媒体矩阵　再造城市台新传播力[EB/OL].(2023-07-11)[2024-03-07].https://mp.weixin.qq.com/s/WSzles0hjia3RVHGvSR36Q.

② 国家广电智库.【调研札记】媒体转型路在何方？济南台探索从“城市媒体”向“城市平台”跨越[EB/OL].(2023-07-14)[2024-03-07].https://mp.weixin.qq.com/s/x8LnLwvvtC8miJ-LopVsqg.

传统资源的整合、新生资源的重组，济南市广播电视台的融媒体系案例获批国家广播电视总局全国广播电视媒体融合成长项目，并作为创新案例被编入中国广播影视出版社出版的全国网络与新媒体系列教材。

（二）融媒体平台的赋能路径

1.打造信息渠道

“更济宁”融媒平台是济宁广播电视台打造的网络视听平台，主打短视频生产与传播。平台年制作和输出短视频作品4000余部，累计粉丝用户（含客户端、微信公众号和视频号、抖音、快手、哔哩哔哩、今日头条等）超800万，累计播放量超24亿次。① 2023年12月，平台获得由国家广播电视总局颁发的年度优秀融媒体项目。该平台以“打造新型主流媒体济宁样板”为总目标，从积极主办与报道“尼好，戏剧！青年导演创作扶持计划”、尼山世界文明论坛、世界互联网大会数字文明尼山对话等各类文化和公益活动，到跟进济邹、济商、济广高速公路建设等城市发展进程，打造以信息传播渠道为根本、网络视听平台为支撑、创新管理为保障的融媒体传播平台，提升主流舆论引导能力、网络视听内容生产和传播能力、信息和服务聚合能力，成为宣传济宁、展示济宁的重要平台。

2.推动社会治理

潍坊寿光市融媒体中心立足蔬菜产业发展需求，打造了“以菜为媒”的综合融媒体平台。在信息传播方面，积极围绕农业新技术、新项目，每年制作400多个短视频，29个涉农新媒体号同步推送，总粉丝量突破50万。与寿光农业部门合办中国寿光蔬菜视频云校，以课件点播、线上直播等方式，与山东、江苏、江西、贵州等10多个省的菜农实时互动，普及农技知识。搭建“千村千群”服务平台，定时向寿光975个村的种植户推送农技短视频。自主开发了“蔬菜云”客户端，实现政策发布、行情分析等28项功能，用户规模16.3万，月活跃用户数4.2万。② 基于对平台优势资源、地区产业特色与网络视听的深度融合建设，寿光县融媒体中心实现了蔬菜产业链优化、销售

---

① 济宁广电.济宁广播电视台再获殊荣！“更济宁”获“TV地标”年度优秀融媒体项目[EB/OL].(2023-12-19)[2024-03-07].https://mp.weixin.qq.com/s/UCvPII5x6I2jB7eBibjjpQ.

② 国家广电智库.【案例】山东寿光融媒体中心服务本土支柱产业成效显著[EB/OL].(2023-09-22)[2024-03-07].https://mp.weixin.qq.com/s/sQA5ilzT6ALEsD4f4RiXCQ.

网络提升、农业品牌影响扩大、相关从业人员增收等多维度的推动作用，先后荣获第九届全国服务农民、服务基层文化建设先进集体和全国广播电视媒体融合典型案例称号。

3.促进品牌传播

“好客山东　好品山东”是山东省省级品牌打造与传播的立足点，近年来，山东省省、市、县三级主流融媒体联动，立足各自优势，创制大量相关融媒体产品，形成较强的媒体矩阵，实现品牌内容的优质传播。淄博广电的《文昌大酥梨，文昌大红桃，文昌三色李、猕猴桃、葡萄……文昌湖迎来“甜蜜”丰收季！》、东营广电的《好品山东｜品咸香美味的利津咸粥　感受东营地道美食滋味》、淄川融媒的《好品山东｜领尚琉璃让国潮更有范儿》、临邑融媒的《吉奶奶的窝头人生＃拿来吧山东美食＃好品山东》等内容受到网友的一致肯定。《定陶杨自民水煎包》《雨台大米》《隆盛糕点：守正创新　塑百年品牌》《烟台优品：一滴“鲁花油”里的秘密》《青州花卉：一盆小花身后的百亿产业》等系列短视频，均为各地区县级融媒体中心的“自选动作”，在各大互联网平台以“好客山东　好品山东”的话题发布，形成聚合效应。[①] 基于各级融媒体中心创制的系列网络视听短视频，汇聚优质内容，升华专题，形成“好客山东　好品山东”的品牌宣传合力，进一步提升话题的传播力与影响力。

(三)融媒体平台的发展优惠与扶持政策

近年来，山东省广播电视局积极推进融媒体平台规划引领，先后出台《山东省广播电视媒体融合发展三年行动计划(2021—2023 年)》《关于进一步推进县级融媒体中心管理和发展的意见》《山东省县级融媒体中心高质量规范化发展实施方案》《关于推进县级融媒体与广电网络共享共赢协同发展的指导意见》等政策性文件。

1.开展专题调研，推广示范经验

2023 年，山东省广播电视局先后赴淄博、潍坊、泰安、临沂、日照等地融媒体中心开展调查研究，深入了解融媒体中心改革发展中存在的问题困难，

---

① 李阳琳.主流媒体如何讲好区域品牌故事：以“好客山东　好品山东”宣传推介活动为例[J].传媒，2024(2)：76-78.

并基于此形成高质量调研报告，同时积极推广寿光市、岚山区等融媒体中心建设先进典型，宣传推广改革经验，形成示范带动效应。通过深度调研，了解融媒体时代山东省各市在进行网络视听创作与传播方面所面临的新形势、存在的新问题，为进一步加强网络视听创作思路和下一步工作举措、打造网络视听强省提出决策建议。

2.开展专题培训，培养专业人才

针对融媒体业务发展需要，山东省广播电视局举办了2023年山东省广播电视和网络视听优秀获奖作品讲评会、广电大讲堂暨短视频创作专题培训班、山东省动画创作培训班、山东省县级融媒体高质量发展推进暨培训现场会、山东省广播电视和网络视听技术培训班等系列培训讲座，组织融媒体中心工作人员参会。基于专业培训，为当下融媒体平台从业人员深刻理解把握网络视听的发展趋势和方向，找准新形势下新媒体技术的发展规律，牢牢把握正确舆论导向，培育专业技能，推出更多正能量充沛、形式新颖、群众爱看的网络视听产品，提升网络视听作品的传播力、影响力，有力发挥推动作用。

3.丰富内容供给，实现资源共享

面对高额的购片成本，基层融媒体平台既无资金也无议价能力，山东省广播电视局提出"共建、共享、共赢"发展理念，牵头开展集中采购，集聚山东省广电系统内外资源，与山东省广播电视台、16个市级广播电视台、136家县级融媒体中心实现链接互通，打造山东省广播电视和网络视听节目共享平台，集中采购《人世间》《许你万家灯火》等多部网络视听电视剧版权，免费供县级融媒体中心下载播出。截至2023年5月初，共享平台已上传节目2.6万多个，整合节目内容资源30多万分钟，成为基层广电缓解内容供需矛盾，提高播出内容质量的重要保障。[①] 此外，立足共享平台，山东省广播电视局积极组织挖掘各地资源，与县级融媒体中心联合策划、联合采编、联合制作相关网络视听作品，推出系列微纪录片《追寻——百年风华耀齐鲁》、系列短视频《厚道山东人》等多项优质作品，实现创意共享、策划共享、制作共享、内容共享、经验共享。

---

① 国家广电智库.【攻坚克难看创新】山东探索建立省域广电协同发展新机制[EB/OL].(2023-07-05)[2024-03-07].https://mp.weixin.qq.com/s/CQ7nfoUKZjJK4FX27zS6_w.

4.推动融媒合作,实现协同发展

除了在内容供给上的资源共享,山东省广播电视局还积极推动融媒体平台与广电网络之间搭建共享共赢协同发展格局。山东省广播电视局先后颁布《关于推进县级融媒体与广电网络共享共赢协同发展的指导意见》《关于确定县级融媒体中心与广电网络共享共赢协同发展试点单位的通知》,确定全省47个县级融媒体中心与广电网络公司作为共享共赢协同发展试点单位。全省县级融媒体中心与有线网络公司在联合打造综合宣传智慧平台、推进融媒专网保障服务、推进经营创收等五个方面开展合作、实现共赢①,积极拓展在宣传平台、智慧广电、应急广播、专网保障、技术服务、乡村振兴等领域的多维度合作,充分实现双方资源利用效能最大化,进一步提升全媒体覆盖面和影响力,推动融媒体平台和网络视听实现阵地壮大、多元发展、合作共赢。

(四)融媒体平台发展的重点任务

《山东省广播电视和网络视听"十四五"发展规划》提出未来融媒体平台深化融合发展的重点任务,要建强融媒体平台。推动山东广播电视台完善融媒体云平台,深化"一云多厨房"应用,为省内各级广播电视播出机构提供技术服务和业务支撑,打造具有全国影响力的新型主流媒体"旗舰"。加快市级广播电视播出机构融媒体中心建设,推动市级广电媒体深度融合发展。巩固提升县级融媒体中心建设水平,着力提高内容供给能力,推动县级融媒体中心从建好、管好向用好、活好转变。②

在此基础上,各市融媒体平台需建立网络视听节目创意、生产、推广、监管全流程、全闭环、全方位管理服务机制,优化网络视听精品服务;建好建强网络视听基地,实现内容生产传播、行业发展研究、行业服务培育协同发展,激发网络视听创新发展活力。

---

① 山东局扎实推进县级融媒体中心高质量发展[EB/OL].(2023-12-07)[2024-03-07].http://www.nrta.gov.cn/art/2023/12/7/art_114_66329.html.

② 山东省人民政府.山东省广播电视和网络视听"十四五"发展规划[EB/OL].(2022-12-30)[2024-03-07].http://www.shandong.gov.cn/art/2022/12/30/art_307622_10331929.html.

二、文化赋能

山东位于中国东海岸，北临渤海，南接江苏，西邻河南、河北，中部为山地，东部为平原，是中华文明的重要发源地之一。山东的文化传承源远流长，自先秦时期齐鲁文化的形成到春秋时期儒家文化的兴盛，这片土地自然地积累起了深厚的历史文化底蕴。除此之外，山东还有着丰富的红色文化资源和民俗文化资源。近年来，山东各地通过文化资源的整合、创新和传承，立足本省文化特色，坚定文化自信，坚持守正创新，在网络视听内容制作与宣传中积极落实文化“两创”方针，在高质量的文化宣传中呈现出重内容、创形式、强互动的特点。在文化赋能下生产出的网络视听内容也取得了良好的宣传成果，同时也在反哺当地经济发展。

（一）深耕地域特色文化及中华优秀传统文化

党的十八大以来，习近平总书记高度重视文化传承发展，对山东文化建设寄予厚望。2013 年 11 月，习近平总书记在曲阜发出大力弘扬中华优秀传统文化的号召。2018 年 6 月，习近平总书记再次对山东发挥传统文化资源优势提出殷切期望。2021 年 5 月，习近平总书记在给《文史哲》编辑部全体编辑人员的回信中，又一次强调在新的时代条件下推动中华优秀传统文化创造性转化、创新性发展。作为中华文明的重要发祥地、儒家思想发源地，山东推进优秀传统文化“两创”具有无可比拟的优势条件。从 2013 年至 2023 年，山东的文化“两创”着力中华文脉赓续，着力中华优秀传统文化创造性转化、创新性发展。在诸子争辉的文明之巅、大河浩荡的文化之源，故事里的山东向世界展现了中华优秀传统文化的厚度和温度，展现了文化“两创”丰富的多样性以及崭新的抵达高度。

1.自然地理资源

黄河文化源远流长，黄河流域积淀了丰富多样、异彩纷呈的文化遗产资源，积淀着中华民族共同的价值理念和道德情操，蕴含着自强不息的奋斗精神、通达求变的创新基因、兼收并蓄的开放理念、和谐共生的价值追求、同根同源的家国情怀，凝聚着走好强国建设、民族复兴新征程的强大精神力量。2023 年 11 月，山东广播电视台推出《黄河文化大会》（第二季），该节目坚持以保护、传承、弘扬黄河文化,助力黄河流域生态保护和高质量发展为主题,在对黄河文化实现整体巡礼基础上,多维度展现黄河文化魅力,深入挖掘黄河文化的时代价值,激活黄河文化基因。《黄河文化大会》以擂台赛形式,邀请全国各个省市热爱黄河文化、黄河故事的选手参与其中。擂台赛题目设计紧紧围绕黄河文化的传递和解读,全景式涵盖了黄河沿线地区多彩的地理环境、气候生态、风土人情、非遗文化、文物诗词,在黄河两岸人民日常生活展示中挖掘其背后深刻的价值观、文明观。节目对沿黄九省(区)的黄河文化、黄河故事、黄河人物进行深入挖掘,讲述了一个个普通人同黄河平凡却不简单的故事。同时,节目组还将中华美学精神与当代审美追求紧密结合,全方位地展现了新时代黄河流域生态保护和高质量发展的丰硕成果,热忱奔放地描绘了新时代新征程下黄河流域人民群众的幸福生活。

泰山为五岳之一,有“五岳之首”“天下第一山”之称,泰山相伴上下五千年的中华文明传承历史,集国家兴盛、民族存亡的象征于一身,是中华民族的精神家园、东方文化的缩影、“天人合一”思想的寄托之地,承载着丰厚的地理历史文化内涵。《大泰山》是在中共山东省委宣传部指导下,由山东广播电视台联合中共泰安市委、泰安市人民政府共同策划出品的纪录片。该片于2023年1月1—3日每晚19:30档在山东卫视播出。《大泰山》通过记录泰山的自然、历史、人文,多方位、多角度地呈现泰山历史文化脉络与走向,折叠了千年文明,让观众在纪录片中阅尽泰山千年的沧海与桑田。

2.历史文化资源

山东自古又称“齐鲁之邦”。齐鲁文化,是指以先秦齐、鲁两国文化所奠定的文化特质、文化精神、文化传统为内核,经两千余年而传承不息的山东历史文化。山东是中国思想文化的主干儒学的发源地,是伟大思想家、教育家孔子、孟子的故乡,是秦汉之后历代中国人的朝圣之地。山东历史文化遗产非常丰厚,分布广泛,包括孔庙、孔府、孔林等。齐国故都临淄是先秦时代最大的工商业都城,在这里诞生了中国历史上百家争鸣的文化中心、最早的大学堂——稷下学宫。山东的文化典籍集中在先秦时期、明清时期,先秦典籍以诸子百家的著述最为丰厚,有《论语》《孟子》《管子》《孙子》等;明清时期以小说最为出名,有《水浒传》《金瓶梅》《醒世姻缘传》《续金瓶梅》《聊斋志异》《老残游记》等,这些都是以山东为故事发生地,并且大部分作者就是山东人。

2023年9月，由中央网信办主办的2022中国正能量网络精品征集展播活动揭晓结果，由尼山世界儒学中心、中国孔子基金会主办，中国孔子网、济宁市文化传承发展中心承办的2022全球“云祭孔”活动成功入选网络正能量主题活动。全球“云祭孔”活动已连续举办七届，通过广泛社会动员、创新节目形态、深度媒体联动，不断增强传播效能，活动影响力逐年增强，中华文化的感召力日益彰显。来自海内外60余所孔庙、文庙、书院、孔子学堂以及文化机构，70余家媒体，百余个直播平台积极参与，通过跨平台、多形式、集群式直播，全方位呈现海内外“祭孔”盛况，多形态展示中华礼乐文化，再现中华优秀传统文化的时代魅力。

3.红色文化资源

红色文化是山东的重要精神标识和文化标识。从地域文化的角度来说，山东是红色基因传承、红色文化凝结、红色文化资源集中的典型地区。山东地区的红色文化是中国共产党红色文化中极其重要的组成部分和体现。山东红色文化是山东人民从危机逐渐走向新生、走向辉煌的历史进程的凝聚，也是山东儿女从漫长的革命和社会主义建设的实践活动中不断累积形成并逐渐发展的极其宝贵的精神财富，承载着极其丰富的革命精神和浓厚的历史文化底蕴。山东最为典型的红色精神就是沂蒙精神，沂蒙精神现在已经成为红色文化中的一个突出代表。[①] 沂蒙精神诞生于齐鲁大地，奠基于红色基因的传承，形成于中华民族救亡图存的革命战争年代，以沂蒙山区抗日根据地军民水乳交融、生死与共的革命斗争精神为内涵，深刻揭示了中国共产党同人民同心同向、血肉相连的关系。

山东广播电视台出品的文献电视片《筑梦百年》于2023年6月起在山东卫视播出，该片系统地梳理了山东党组织在新民主主义革命时期、社会主义革命和建设时期、改革开放和社会主义现代化建设时期、中国特色社会主义新时代带领山东人民走过的筚路蓝缕、攻坚克难、淬火成钢的百年历程，第一次用影像的方式展现了百年来山东党组织在党中央坚强领导下，在磨难挫折中成长，在攻坚克难中壮大，在改革创新中发展，在各个历史时期带领山东人民奋勇前进，经济社会发展不断取得的新成效、发生的新变化。

---

① 何健.山东红色文化资源的优秀特质与发展研究[J].活力，2022(14)：23-25.

4.民俗文化资源

民俗文化是民众在长期的生产、生活中积累、沉淀下来的生产生活方式、思维方式、行为准则、评价标准。它既是历史的,又是现实中正在传承着的。[①] 山东素称“齐鲁之邦,礼仪之乡”,鲁中平原以农耕文化为特色,有着潍坊风筝、杨家埠年画等特色文化遗产;胶东沿海渔家风情浓郁,粗犷奔放;鲁西地区传统深重,是孔孟之乡。在特有的地域文化熏陶下,山东的民俗风情风格多样,生生不息。

2022年度山东“双百”正能量网络精品评选活动中出现了不少山东民俗文化的身影,如《黄河大集》《“跟着朵儿看非遗”之系列短视频》《绝美!山东大姐用煎饼复刻世界名画》《系列中视频〈山东之美·手造〉》《印章后面的故事》《〈好品山东亮绝活〉系列短视频》《指尖上的艺术:方寸之间蕴藏大世界》等。其中,《指尖上的艺术:方寸之间蕴藏大世界》以中英双语的形式,记录了胶东剪纸的体验之旅,以活泼感染的表现力、新颖灵动的镜头风格,丰富了此次体验的代入感和生动性,即使海外受众也能够轻松地沉浸其中。《山东之美·手造》大多采用微距镜头拍摄,用唯美的画面勾勒出“山东手造”的美,激活传统手艺,绽放非遗之美,传承文化之韵。淄博琉璃、鲁青瓷、潍坊风筝等物品浸润着山东匠人的生活智慧,提炼出传承千年的文化基因,体现出山东特有的人文情怀和精神力量。

(二)特色文化与网络文明建设相结合

网络文明建设是社会主义精神文明建设和网络强国建设的重要任务。网络时代,更需要壮大网上主流舆论阵地,弘扬正能量。山东作为文化大省、礼仪之邦,近年来也在持续扎实推动网络文明建设。自2021年以来,山东网络文明周活动已成功举办三届,引起社会热烈反响,取得良好社会效果。2023年山东网络文明周期间发布了2022山东“双百”正能量网络精品评选活动获奖作品名单,包括网络正能量文字、图片、音视频、专题专栏、主题活动等共计200项成果,其中音视频类60件,品类多样、内容优质、技术应用别出心裁,取得了良好的传播效果。这些优秀作品让网络空间正能量更加充沛,网络文明主旋律更加高昂。

① 张伟.山东文化资源的产业化路径分析[J].人文天下,2015(20):18-23.

在获奖的60件优秀作品中，《血沃春华——济南“四五”烈士祭》《泰安红色档案背后的故事系列视频》《青年理论家|其作始也简，其将毕也必巨》等作品既有高度又有温度，既有广度又有深度，直抵根植于国人内心深处的爱国之情，通过挖掘革命历史中的共情点来深化立意，借助音视频的创新形式来讲好故事，再辅以情感和情怀的加持，达到了进一步启发人、打动人、振奋人的良好效果，从而有效激发全省人民团结奋进的精神力量。

而《大河之洲》《长山列岛》《微视频丨黄河岸畔“声”生不息》《好客山东追光之旅》《寻美中国·山东东营·走进最美黄河入海口》《爱上济南》等作品全景深度呈现人与自然和谐共生的壮美画卷，其中纪录片《大河之洲》在山东卫视晚黄金时段首播后迅速强势出圈，相关的系列短视频《共同家园》《凤求凰》《原生秘境》更是火爆全网，登陆多个社交媒体平台、热搜榜单，取得了现象级的传播效果，相关内容全网总阅读量超1.75亿次。

家国情怀是融入我们血脉中的文化传承，在儒家文化的发源之地更是展现得淋漓尽致，获奖作品中也不乏这类作品的身影。《微电影〈老衣的春天〉》《3岁男童坠入十米深井　消防员倒立下井助其脱困》《这盛世如你所愿！日照93岁老兵穿越时空“对话”逝去战友》《从体育老师到村支书　第一视角探寻三涧溪村“共富”密码》《李涌女儿追随父亲足迹投身警营　父女同框一幕让人破防》《薪火相传！排爆英雄张保国的女儿长大后穿上警服》等作品把镜头对准了普通人和身边事，用坚守、拼搏、奉献、传承等关键词，讲述了齐鲁大地上发生的动人事迹。以具有丰富故事性、亲民性和可看性为代表的《微电影〈老衣的春天〉》，其演绎的内容源于大多青年人的生活、学习经历，由此激发广大观众情感上的共鸣，一经推出，便在新媒体社交平台取得良好口碑、赢得广泛赞誉。

（三）特色文化网络传播所带来的经济发展

2023年3月淄博市因烧烤爆火，吸引了大量的游客，从“大学生组团到淄博吃烧烤”到“烤炉小饼加蘸料，烧烤灵魂三件套”，多个话题在网络上热度飙升。而淄博市也很敏锐地抓住了这个热点，并快速跟进和行动。2023年3月，淄博政府重点打造关键消费领袖和用户生产内容模式联动种草，首先吸引大量大学生群体组团打卡淄博烧烤，随后借助大学生的私域流量进行营销推广，继而吸引各路自媒体博主前往淄博打卡，引爆“淄博烧烤”话题热度。2023 年 4 月，淄博市政府重点转向关键意见领袖和权威背书，首先是自媒体平台千万级粉丝大 V 发布的关于淄博摊位无一缺斤少两的视频引发全网关注。除此之外，淄博市政府抓住“烧烤文化”，持续打造烧烤品牌。在央视的《淄博·和为淄味》、山东卫视的《至味山东》以及哔哩哔哩的《人生一串》中，不乏淄博烧烤的身影。

2023 年 3—6 月，淄博烧烤所带来的效应成为淄博经济的最大增长极。网络流量所带来的线上热度和游客持续涌入所带来的线下收益使淄博市相关产业收入呈现井喷式增长。淄博市统计局发布的 2023 年一季度经济数据显示，一季度淄博实现生产总值 1057.70 亿元，同比增长 4.7%，其中餐饮业营业额增长幅度高达 25.2%，批发、零售、住宿业销售额分别增长 9.5%、15%、16%，消费市场复苏势头强劲；2023 年上半年，全市实现生产总值高达 2295.4 亿元，同比增长 4.18%，经济整体回升趋势强劲。淄博旅游业消费额较 2023 年 4 月增长 73%，游客在淄博本地中小商户日均消费额较 4 月增长了近 40%。[①]

淄博通过文化赋能，打造烧烤文化，深挖当地特色文化，助力网络视听内容生产和传播，把城市的旧与新、人与景等文化意蕴释放出来，输出更具城市张力和魅力的文化符号。从淄博市产出的网络视听内容来看，淄博市政府以数字媒介为传播载体，以淄博烧烤话题为切入口，围绕淄博的烧烤历史、地域风俗、传统文化等内容进行文化创作，深度挖掘如琉璃文化、传统戏曲五音戏、高青木刻雕等文化精神和历史价值，将淄博烧烤现象级的文化符号和消费符号转变为具有持久生命力的地域特色，从而打造淄博特色文化名片，展现淄博独特的文化神韵和精神品格。文化是城市最高和最终的价值，淄博立足文化根基，厚植齐鲁文化底蕴，延展淄博历史文脉，充分吸收齐文化中变革、开放、创新、务实、包容的精神内核和独特品质，打造超级齐文

① 淄博市统计局.上半年全市经济运行向好恢复[EB/OL].(2023-07-31)[2024-03-10].http://tj.zibo.gov.cn/gongkai/channel_c_5f9fa491ab327f36e4c13077_n_1605682682.9561/doc_64c75f864c4002712d0b934a.html.

化 IP,全面提升淄博文化软实力,从而有效促进当地经济发展。[①]

三、技术赋能

在万物互联、虚实结合的数字化时代,数字化场景正在深入网络视听领域,颠覆性地重构网络信息生态,重塑信息运行规则,赋能网络视听从“量”的积累走向“质”的飞跃,为新时代网络视听高质量发展赋权增能。网络视听向数字技术拓展,向数字空间延伸,数字化赋能正在成为网络视听高质量发展的动力引擎。以数字化赋能新时代网络视听提质增效,实现网络视听高质量、有效益、可持续的发展,是把握数字技术新机遇、直面数字空间新战场、塑造主流舆论新格局的重要议题。[②] 在第十届中国网络视听大会对融合传播的讨论中,“数据”成为重要关键词之一,利用数据技术赋能传播已经成为业界学界认识融合传播的共识。[③] 2024 年,山东省广电行业积极推动人工智能、高新视频等前沿科技落地,大力开拓高新技术新领域、新业态,取得了大量优秀成果。

(一)技术赋能网络视听发展路径

网络视听的发展与创新,离不开传播平台融合创新和新兴视听技术的优化升级。数字技术为新时代网络视听高质量发展赋权增能,主要在视听内容创新、影像技术提升、平台载体拓展和传播方法提效方面为网络视听带来了新的发展机遇。[④]

1.视听内容创新

正所谓“内容为王”,网络视听要保持持久的成长性和生命力,关键在于品质。网络视听内容的呈现和传播离不开叙事话语和意义阐释,数字技术能嵌入网络视听的话题设置、内容生产和信息呈现,使网络视听内容走向数字化,赋能网络视听内容增色。一是创新话语叙事模式,生产优质内容。数

---

① 袁华,沈正赋.从“吃文化”到“城市文化”:深度媒介化视域下淄博烧烤现象的传播学阐释[J].湖北行政学院学报,2023(5):29-35.

② 吴倩倩.以数字化为网络视听高质量发展赋权增能[J].中国广播电视学刊,2023(9):92-95.

③ 牛梦笛,左志新.数字化赋能网络视听优质内容生产:第十届中国网络视听大会观察[J].传媒,2023(11):9-11.

④ 吴倩倩.以数字化为网络视听高质量发展赋权增能[J].中国广播电视学刊,2023(9):92-95.

字化赋能可以进一步创新网络视听内容的话语叙事模式,提升内容覆盖广度,繁荣内容生态。二是创新信息呈现方式,全息化呈现内容,实现用户的沉浸式互动,适配个性化需求,增强与用户的情感连接。

豆神动漫出品的《画意济宁》数字动画利用 VR 技术优势,采用人工智能深度算法、三维环境感知技术和高性能 3D 渲染引擎、全景成像切片式展现、HTC VIVE 设备传感交互等技术,以青绿写意山水画为主体风格,通过三维模型表达、场景构建、动态仿真重塑运河文旅景观带,让大运河历史古迹“活起来”,有效提升教育沉浸感、行为交互感和时空穿越感,相比普通 CAVE 影片视觉冲击更强,沉浸式交互体验更好,为运河文化历史古迹保护与传承模式向新型泛艺术形式方向发展提供实践支撑,拉近千年长河与广大受众的距离。① 借助数字化赋能,将数字科技融入内容表达,以全息化技术深度融合虚拟与现实,让观众在沉浸式交互体验中感知视听之美、文艺之美。

2.影像技术提升

数字经济时代,5G 技术的日趋成熟将进一步推动流量成本的降低,视频消费规模将得到前所未有的提升。这使得视听平台纷纷在影像技术的创新与应用领域加大投入,关注不同身份的用户在不同时空、不同情境下的消费需求。在此背景下,网络视听中的视频影像技术将呈现出超高清视频流传输、“超视频化”等发展趋势。② 首先是超高清大屏场景的全面激活,国内主流的网络视听平台从音视频品质方面着手升级大屏体验,“4K 超清画质”“最高 120FPS 帧率”“杜比视觉”等关键词被屡屡提及。在未来,大屏将会承载 4K、8K 的网络视听文艺内容,带给受众极致流畅、超高画质、极具现场感的观感体验。其次是视频云市场规模的扩大,整体呈现出“超视频化”的趋势,即从全景视角视察时代,聚焦视频化在新内容和新交互的演进历程,视频云融合了 5G、云技术、人工智能乃至虚拟技术。

---

① 山东广电.2023 年山东省广电行业科技创新案例系列之《〈画意济宁〉数字动画沉浸式裸眼 3D 创新应用》[EB/OL].(2024-03-18)[2024-05-08].https://mp.weixin.qq.com/s/XZ4v4Uyeq4pRUlwQ-O4MBw.

② 宋凯,罗奔为,金正铉.数字经济背景下我国网络视听文艺发展探究[J].中国电视,2022(4):18-24.

《2023年山东卫视春节联欢晚会》项目在国内首次成功实现了一套内置系统，无需添加任何外部设备，实现了超高清横屏和竖屏与高清横屏和竖屏的同步联动制作。《2023年山东卫视春节联欢晚会》是山东广播电视台精心打造的品牌晚会，晚会突出山东特色，讲述中国故事，并追求国际化表达。作为目前收视率最高的晚会之一，晚会借助了山东广播电视台26＋2讯道5G＋4K旗舰转播车进行制作。该车采用以ST2110视音频标准为核心的IP架构，配合12G、4×3G、3G等基带信号，其混合架构下的丰富接口和数量能够满足目前所有复杂项目的需求。技术团队已将现有创新应用引入台内大型节目，特别是在节目制作的技术环节中，深度融合智能化和IP化的元素，以提供多维的视音频技术服务。这项创新使制作人员能够同时制作大屏和小屏的内容，为台内综艺节目的制作模式开辟了全新的途径，将为制作人员带来更多的可能性，也为观众带来更精彩的视听效果。

3.平台载体拓展

在数字空间中，微信、微博、哔哩哔哩、抖音等多种传播媒介构建起"数字全媒"传播大矩阵，赋能网络视听载体提效。面对数字时代崭新的媒介技术和传播载体，多地主流媒体经过长期的技术调试，或自建平台，或与抖音、西瓜视频、哔哩哔哩等头部平台共建跨平台传播矩阵，以打破传统媒体受众面较窄、传播力较低的局限，推动主流价值观念生产传播的延伸与创新。

2023年召开的山东省广电新媒体宣传工作会议成立了全省广电新媒体宣传矩阵，同时，会议还要求广电新媒体宣传工作要拓展"媒体＋政务＋商务＋服务"等功能。基于此，山东广电全要素进入新媒体，推进内容垂直化，以文化、教育、健康、心理为重点垂类运营方向，推进传播流量化，在微博、抖音等平台完成"超级账号"任务，保持大流量和热榜数量；微信视频号探索垂类账号运营与私域流量变现；拓展微短剧赛道，上线闪电微短剧频道；充分发挥闪电MCN-Lightning TV和16市、县级融媒体中心资源优势，打造传播矩阵。

4.传播方法提效

数字时代，基于大数据、运算模型和超算力的支撑，数字技术具备了强大的网络数据汇聚能力和海量信息处理能力，通过挖掘用户场景、描绘认知画像、分析感性心理，在海量数据中捕捉意识形态与大众日常生活之间的相关性，精准定制个性化的资源菜单，实现了信息的高效精准送达。数字化正在以精细分析用户、精准推送信息、精确评估效果的方式，赋能网络视听工作方法创新。通过分析年龄分层、学历水平、认知偏好等大数据，刻画受众画像和用户图谱，精准勾勒大众喜闻乐见的文化要素，洞悉大众的认知接受方式。在此基础上，基于时空特征、文本特征、隐式语义特征等维度，提升网络视听内容与大众接受习惯之间的契合度，实现供需两端的快速匹配，高效精准地传播主流价值观。同时，随着人工智能作为数字经济时代的先进生产力的地位不断提升，人工智能进一步重塑网络视听行业，具体表现在助力内容创作、高效分发、视频审核等方面。

2023 年，山东广播电视台联合山东广电信通网络运营有限公司、北京火山引擎科技有限公司开发出“主流价值导向智能推荐系统”。“主流价值导向智能推荐系统”通过用户画像构建、用户分群和个性化推荐，将融媒体客户端节目内容多维度、个性化地智能推荐至用户面前，助力用户在最短的时间内获取更有效、更正向的信息，实现正能量为主流导向的舆论引导。目前“主流价值导向智能推荐系统”已集成至山东省省级融媒体技术平台，作为山东省统一的融媒体平台技术底座，山东省省级融媒体技术平台已为全省 148 家省、市、县级融媒体中心搭建了融媒体客户端，平台用户超过 3000 万。以低成本便捷共享技术成果，提升客户端正面分发能力，提高主流媒体的公信力和影响力，推动正能量优质内容在全省范围内的广泛传播，提升正能量稿件传播声量，巩固壮大主流思想舆论，推动正能量澎湃大流量。

(二)政府扶持助力青岛网络视听产业高速发展

作为联合国教科文组织认定的中国首个“电影之都”，青岛有“天然摄影棚”和“影视梦工厂”之称。许多热映影视剧目，诸如《封神第一部：朝歌风云》《不完美受害人》《独行月球》《万里归途》及《流浪地球》系列等，均在青岛摄制。在数字化、网络化、智能化的大背景下，青岛的影视产业逐步走向高度集约化、规模化、专业化。灵山湾影视文化产业区作为青岛影视基地核心区，拥有世界一流高科技影棚集聚的东方影都产业园、国家广播电视总局在全国唯一布局的中国广电 · 青岛 5G 高新视频实验园区，获评山东省首批网络视听产业园区。青岛 MCN 机构在全国处于第一梯队，聚集着多家头部企业，例如古麦嘉禾、视觉志、深度传播、旗鱼科技等企业。数据显示，青岛中央商务区核心区域共集聚 MCN 等各类新媒体企业 300 余家，成为全市新媒体企业最为集聚的区域。其中，仅卓越世纪中心就集聚 170 家各类媒体企业，吸引 30 多家企业总部入驻。

2023 年 8 月 24—25 日，2023 年中国网络视听精品创作峰会在青岛举行，克苏鲁影视科技、小派创智科技等行业头部及新锐企业参展，向外界集中展示数字人、视觉智能、超高清传输、编解码等方面的技术及应用，全景呈现新视听全产业链发展成果。科技是第一生产力，网络视听高质量发展离不开科技赋能。“动动手指，书中的人物就可以动起来。”“戴上这副眼镜，可以近距离体验竞技比赛的现场魅力。”

技术产业高速发展背后离不开政策的支持，省、市、区先后出台《关于支持鼓励优秀文艺作品创作生产的十项措施（试行）》《青岛市推动影视业高质量发展若干政策》《青岛西海岸新区关于促进影视产业发展的若干政策》等系列文件，全方位扶持影视全产业链发展。山东出台的《关于支持鼓励优秀文艺作品创作生产的十项措施（试行）》，明确对获得国家大奖、群众高度认可、国际传播效果好的优秀作品进行重奖特奖。根据《青岛影视基地高质量发展政策清单》，对来青岛影视基地摄制的项目，市、区两级叠加最高可补贴 1000 万元。奖励“青岛出品”项目，对优秀的获奖作品给予最高 1400 万元奖励；对院线电影和电视剧根据播映成绩给予最高 1700 万元奖励；对网络电影、网络剧项目，给予最高 500 万元奖励。①

（三）广电行业智能视听应用实践

2022 年，科技部等六部门联合发布的《关于加快场景创新以人工智能高水平应用促进经济高质量发展的指导意见》中，明确提出场景创新成为人工智能技术升级、产业增长的新路径，场景创新成果持续涌现，将推动新一代人工智能发展水平。事实上，从智能视听这个切口来看，山东多地已经有了场景应用上的探索实践。

德州市广播电视台（德州广视传媒集团）抢抓“元宇宙”技术风口，加大

① 涛君.聚焦 AI，探索应用！2023 智能视听大会在青开幕，青岛“场景”塑造发展优势[EB/OL].(2023-10-21)[2024-03-10].https://mp.weixin.qq.com/s/-feqn7sYZIJ0eOa5Ri2k2w.

超高清视频建设和XR、数字人技术创新应用,构建广电传媒产业新生态。已经建成投入使用的XR超高清制作系统,具备从拍摄、编辑到输出的全流程制作能力,可广泛应用于全媒体传播、智慧党建、教育培训、文化创意等多个行业和领域,技术水平在全省、全国广电行业居领先地位,其中XR超高清演播室在全省广电系统最早建成投入使用。2023年9月,德州市广播电视台设立山东广电元宇宙创新实验室德州转化应用基地。山东广电元宇宙创新实验室是山东广播电视台面对第三代互联网与人工智能技术,重点打造的应用型实验室,既可为广电行业转型提供技术助力,又可输出产品服务社会。

面对数字化时代的大趋势,山东广电元宇宙创新实验室整合行业头部技术,创造性地将数字人"海蓝"与4K大屏显示终端进行绑定,制作出可应用于各种行业场景应用的多模态数字人智能终端。山东广播电视台数字人智能终端能够适配多种应用场景,包含新闻媒体、行政审批系统、医疗行业、公检法系统、商场商业系统、银行保险业系统、文旅系统等多种带有窗口服务场景的行业。海蓝还承接了山东省自然资源厅山东省森林防火公益大使、山东省住房和城乡建设厅山东省绿色建筑与建筑节能新技术产品博览会形象大使、山东省科学技术厅首届中国双碳技术大会AI推广员等多个代言。而山东省多地也在积极探索数字人技术,德州市广播电视台与山东广电元宇宙创新实验室积极对接,布局数字人领域,探索数字化媒体的新机会与可能性,首位数字主持人"夏小蕤"亮相。淄博市广播电视台采集淄博市广播电视台主持人杨洁的形象和声音素材,综合应用超写实虚拟数字人、模板化包装、深度神经网络、信创三维渲染引擎等最新技术,创造了广播级4K超高清AI真人数字人"杨小洁"。

四、渠道赋能

(一)山东省直播电商行业发展现状概览

中国互联网络信息中心(CNNIC)在京发布的第52次《中国互联网络发展状况统计报告》显示,截至2023年6月,我国网民规模达10.79亿,较2022年12月增长1109万,互联网普及率达76.4%。其中,网络购物用户规模达

8.84亿，较2022年12月增长3880万，占网民整体的82.0％。网络购物作为数字经济的重要业态，在助力消费增长中持续发挥积极作用。2023年上半年，全国网上零售额达7.16万亿元，同比增长13.1％。其中，实物商品网上零售额6.06万亿元，增长10.8％，占社会消费品零售总额的比重为26.6％。① 当前，我国直播电商行业呈快速增长态势。直播电商作为一种新型的商业模式和商业业态，在增加就业扩大内需、促进数字经济发展等方面发挥了积极作用。

1.政策助推行业繁荣

自2022年开始，国家和各级政府发布多项指导意见和标准用于规范直播电商的发展。2022年3月，国家互联网信息办等出台《关于进一步规范网络直播营利行为促进行业健康发展的意见》，加强对网络直播营利行为的规范性引导，鼓励支持网络直播依法合规经营，切实推动网络直播行业规范发展。2022年6月，国家广播电视总局等出台《网络主播行为规范》，引导网络主播规范从业行为，强化社会责任，树立良好形象，提高网络主播队伍整体素质，治理行业乱象，规范行业秩序，通过规范管理进一步推动网络表演、网络视听行业持续健康发展。2023年9月，国家标准局发布《电子商务直播售货质量管理规范》，进一步加强对电商直播带货的有效管理。

山东省有关主管部门深入贯彻习近平总书记关于数字经济发展的重要论述，全面落实上级有关决策部署，不断建立健全规章制度，规范和促进直播电商这一新兴业态的发展。2023年12月，中共山东省委、山东省人民政府出台的《关于加快数字经济高质量发展的意见》指出，要推动服务业数字化提速，挖掘一批消费新场景，打造一批具有显著竞争力的平台经济重点企业、产业集聚区。此外，在加强园区基地建设、因地制宜彰显地域特色、着力打造规模效应、不断推进精品创作、广泛吸纳优秀人才、持续强化技术赋能等方面持续提供支持，不断为行业发展注入新活力，有力地促进了山东省直播电商的标准化、规范化和产业化发展。

① 中国互联网络信息中心.第52次《中国互联网络发展状况统计报告》[EB/OL].(2023-08-28)[2024-07-01].https://www.cnnic.cn/n4/2023/0828/c88-10829.html.

2.重点城市直播电商行业发展现状

(1)济南:优化电商环境,打造电商产业带

近年来,济南紧抓电商经济快速发展的新机遇,以营造发展环境为主线,积极构建电商发展生态,全市电商产业蓬勃发展。2022 年全市实现网络零售额 1265.1 亿元,同比增长 22.6%,分别高于全省、全国增速 0.8 个、18.6 个百分点,在全国 15 个副省级城市中位居前列。① 2023 年上半年,实现网络零售额 623.55 亿元,同比增长 18.1%。其中,实物商品网络零售额 541.1 亿元,同比增长 17.8%,实现直播电商场次 16.4 万,观看人次超过 16 亿。截至 2023 年 8 月,济南现有电商企业 2.41 万家,网上店铺 25.3 万个。作为全国第二批电子商务示范城市,电子商务已成为济南最具活力的成长型产业,正不断为济南乃至全省的消费市场注入新鲜动力。

济南市出台的支持政策是电商产业发展最坚实的基础。近年来,济南电子商务紧抓电商经济快速发展新机遇,发布了《大力发展电商经济打造直播经济总部基地的实施方案》《济南市电商产业园+基地三年培育提升行动计划方案》等,积极优化电商发展环境,有效培育了化妆品、农产品、大健康、电子小家电 4 条电商产业带,形成了农村电商"四新四力"工作经验和农产品"双品双化"发展思路。

美妆品类一直是电子商务产业的主角之一,也是济南电商发展的典型代表。半亩花田、颐莲、凌博士、润百颜、夸迪,这些以电商为蓝海冲出突围并赢得市场口碑的济南本土品牌,让硬核的"济南造"走向全国、走向世界。2023 年,济南明确提出以建设"世界透明质酸谷""北方美谷"为目标,打造集最全产业链条、最强产业集群、最优产业生态为一体的世界级透明质酸产业发展高地。济南透明质酸产量占全世界的 43%、全国的 70%。济南有效利用持续发展壮大的电商平台,将优势产能和特色资源转化为化妆品产业高质量发展的动力。

作为山东省化妆品行业龙头企业的山东福瑞达生物股份有限公司成功打造了颐莲、瑷尔博士、伊帕尔汗、善颜等多个知名品牌,已经在各大电商平

① 电商产业点燃泉城经济增长新引擎[EB/OL].(2023-08-18)[2024-04-15].http://www.jinan.gov.cn/art/2023/8/18/art_1861_4956776.html.

台有了自己的一席之地，积累了好口碑与大流量。实现了线上线下同步发展的福瑞达，下一步将聚焦持续探索数字化、智能化发展，构建数字工厂、智能研发平台和智慧物流，基于强大的供应链体系及其数字化、智能化整合能力，打造全国首个新锐品牌智能孵化平台，继续借助电商直播新形式、新业态，为护肤品消费市场持续注入强劲动力。

从济南成长起来的花物堂生物科技旗下的半亩花田，前期增长主要依靠天猫等电商平台，依托小红书和抖音等直播平台快速崛起，实现快速增长。2021 年起，半亩花田以“店商＋电商”的发展模式，在线下市场上主动寻找用户，通过终端门店来反推线上增长，2022 年商品交易总额已突破 20 亿元大关。

站在互联网信息技术引领的新经济风口之上，济南电商产业展现出了蓬勃的生命力。当前，济南电商产业正抢抓黄河重大国家战略和强省会战略机遇，持续开展电商人才培育工作，分梯次培育专业电商人才队伍。提升凤凰山电子商务产业园、黄台国际电子商务产业园等传统园区综合服务功能，创新发展黄河数字直播基地、紫绚电商直播基地等新业态新模式电商直播基地。聚焦本地优势产业，持续打造黄河流域化妆品和大健康产业高地，培育一批发展潜力大、带动作用强的电商龙头，积极对接头部直播服务机构来济发展。在农村电商方面，推广农村电商“四新四力”工作经验和农产品“双品双化”发展思路，邀请电商平台和网红主播与农产品企业精准对接，拓宽农产品销售渠道。多措并举推动电商产业向更高目标、更深层次、更广空间持续发力，为全市经济高质量发展贡献力量。

(2)临沂：借助地域优势，推进电商创业

临沂是山东省面积最大、人口最多的地级市，拥有 1100 万人口的临沂市目前有抖音注册用户 600 多万，快手注册用户 860 多万，电商注册量全国第一，交易量全国前三。2019—2023 年临沂市每年新增网络零售店铺数分别达到 3437 家、5334 家、9541 家、14374 家和 15140 家，涌现出顺和集团、兰华集团、红人里等一批直播电商龙头企业，孵化了“超级丹”“徐小米”等知名头部主播，现有顺和直播电商科技产业园、临谷电商科技创新孵化园等 50 余处直播电商园区，拥有国家电子商务示范基地 2 处、省级电商园区（基地、企业）36 家。在山东省商务厅公布的 2023 年省级电商直播基地和直播电商企业中，临沂市共有31家基地和企业入围，数量居全省前列。2023年，全市实现网络零售额738.8亿元，居全省第3位，同比增长34.9%，居全省第2位，电商经济成为临沂市经济发展重要的增长点。

在互联网经济时代，临沂市紧紧抓住了直播风口。中共临沂市委、市政府因势利导，先后制定出台了《关于支持直播电商人才发展的十条措施》《关于促进临沂市直播电商行业党建规范提升的十条措施》《临沂市电商职业技能提升行动实施方案》《临沂市直播电商发展三年行动方案(2023—2025年)》等一系列文件，在头部主播培育、直播基地建设、行业服务基础、供应链体系等方面，强化政策扶持，有效激发电商行业创新创业的积极性。

临沂市在发展直播电商方面具有显著优势。临沂素来以商贸物流闻名，有“南义乌、北临沂”之称，更有“中国市场名城”“中国物流之都”的称号。临沂目前有125处专业批发市场，生产资料、生活资料27大类600万种商品。同时，临沂有3000余条国内配载线路，覆盖全国所有县级以上城市，通达全国所有港口和口岸，物流价格比全国平均低30%左右。同时，临沂也是中国快递示范城市，2023年全年数据显示，临沂以19.4亿件的邮政快递体量做到了全省第1位、全国第18位。临沂市还培育发展了适应电商需求的统仓统配、仓配一体等物流新业态，形成了“市场＋平台＋服务商＋商家＋仓储物流”一体化发展的电商生态，为直播电商业态提供了强力支点。

在支持电商创业方面。一方面大力扶持农村电商发展，推出“支部＋电商”模式，带动农村电商健康发展。莒南县坊前镇充分发挥基层党组织和广大党员的典型示范带动作用，采用“基地＋合作社＋农户”的经营模式，依托村活动中心、文化大院、小队活动室成立手工编织培训加工点，吸收一大批农村闲散劳动力、贫困户在电商产业链就业。此外，通过组织电商扶贫宣讲活动，依托省内高校开展农村电商培训，打造了农村电商产业发展特色典型。另一方面，有关部门积极对接数据服务商，整合物流、资金流、信息流，发展供应链金融，积极解决链上的小微企业户融资难问题，持续推动“电商直播之城”活力发展。

(3)菏泽:赋能传统产业，擦亮菏泽名片

近年来，菏泽市加快推动电子商务高质量发展，加强新电商经济集聚区建设、生态体系构建、品牌打造和要素保障体系供给，完善电商生态体系。

2022年年底，菏泽市有541个淘宝村、93个淘宝镇，淘宝村、镇数量双双居全国地级市首位。[①] 2023年1—8月，全市网络零售额达174.88亿元，居全省第6位，同比增长24.7%。2023年年底，全市共有网络店铺12.02万家，直接从业人员6.33万人。

菏泽农村电商蓬勃发展得益于有效市场和有为政府的深度融合。其中，政府积极破解农村产业发展制约因素，发挥了关键作用。2018年起菏泽先后出台《菏泽市电子商务发展三年（2018—2020年）行动计划》《支持电子商务发展的实施意见》《菏泽市关于加快跨境电子商务发展的实施意见》等，大力扶持电商产业发展。2023年，菏泽市人民政府发布《关于促进电子商务高质量发展的实施意见》，明确指出大力发展直播电商、社交电商、新零售等新经济、新业态、新模式，推动电商经济高质量发展。在电商人才培养方面，菏泽累计组织线上线下电商培训活动1500余期，培训近10万人次。当前，菏泽已获批创建全国电子商务示范城市，被认定为全省电子商务示范城市，菏泽淘宝村"大集模式"在全国范围内发挥示范作用。

菏泽电商产业源于农民的草根创业，兴于农民的全员参与。一户带一村、一村带一镇、一镇带一县是菏泽电商发展的主要模式。在直播带货新浪潮下，菏泽积极开展直播促消费活动，各县（区）挖掘特色产业、特色企业，引导传统企业向电商企业转型，开辟和拓展线上销售业务，推动更多菏泽地标产品、老字号产品、非遗手造产品等入驻"好品山东"平台，对接联络全国知名主播开展直播促销。引导更多的直播电商主播在各县（区）开展溯源直播，带动菏泽村镇优品走出菏泽、行销全国。此外，菏泽按照园区化、高端化思路，根据电商企业分布，规划建设天华、E裳小镇等19个电商产业园区，3600余家电商及配套企业入驻，有效降低运营成本。"手机变成新农具，数据变成新农资，直播变成新农活"已成为菏泽乡村的新风尚，借助电商风口，菏泽走出了一条乡村优势充分转化、活力充分释放的发展新路径。

（4）青岛：产业集群融合，园区"抱团"发展

2023年1—10月，青岛市网络零售额1990.2亿元，同比增长26.4%，高于

① 菏泽广电网.541个"淘宝村"、93个"淘宝镇"！菏泽被赞做强电商有心得[EB/OL].(2023-11-17)[2024-03-18].https://baijiahao.baidu.com/s?id=1782790198776671413&wfr=spider&for=pc.

全省增速 2.1 个百分点，在山东省排名第 1 位，占全省网络零售额比重 31.7%，在全国城市中排名第 12 位。具体到直播电商领域，2023 年 1—10 月，青岛市直播 66.9 万场，吸引消费者观看 822519.3 万人次，同比增长 4.0%，参与直播的商品网络零售量 1.7 亿件，实现网络零售额 380.6 亿元，在全省排名第 1 位。前三季度，青岛新增 1 家国家电子商务示范基地、3 家省级电商直播基地和 5 家省级电商供应链基地。[①]

早在 2020 年，青岛市商务局便印发了《青岛市直播电商发展行动方案（2020—2022 年）》的通知，提出了推进实施直播电商工程"五个一"工程，即到 2022 年，构建一批直播电商产业集聚区、扶持一批具有示范带动作用的头部直播机构、培育 10 家有影响力的 MCN 机构、孵化 100 个网红品牌、培训 1000 名带货达人，将青岛打造成中国北方直播电商领先城市。2023 年，青岛通过主体培育、直播引领、数商兴农三套组合拳，持续放大电商在消费扩容升级中的引擎作用。全市共计 2.8 万家电商企业在各大平台开设 28 万余家店铺，其中活跃店铺近 4 万家，销售实物商品店铺 10 万家。同时，青岛持续加强本土电商龙头平台企业培育，激发产业活力和消费潜力，目前已涌现出"海尔智家""孔雀云""柠檬豆"等一批具有示范带动作用的电商平台企业。

青岛电商发展最显著的特点是产业园区"抱团"发展模式。这种模式不仅有助于产业链的上下协同，而且有利于中小商家的成长。电商平台的活动通过产业园相关服务商，精准匹配给直播电商企业，缓解中小商家的流量瓶颈。依托基地，电商平台可以开展对中小商家的行业培训，加快中小商家的成长，加速整个产业园的崛起，对周边的辐射带动作用明显。

以即墨为例，即墨区作为中国著名的"中国童装名城""中国针织名城"，拥有纺织服装企业 3800 余家，年产值 621 亿元，年产各类服装约 8 亿件。近年来，青岛借助纺织制造业等生产行业的"先天优势"，陆续打造了青岛市直播电商数字经济产业园、和晟跨境电商产业园、壹捌玖捌新媒体产业园、盈捷电商产业园等多家电商直播产业基地。其中，青岛市直播电商数字经济

① 高书华，王媛.直播电商交易额全省第一！标兵青岛的"流量密码"[EB/OL].(2023-12-10)[2024-03-18].https://baijiahao.baidu.com/s?id=1784891589064899538&wfr=spider&for=pc.

产业园于2023年9月获评国家电子商务示范基地。2023年女主播“木子静”以一己之力带火了即墨人造棉后，所在直播基地的商家集聚合力，将即墨卫衣做到了抖音交易量第一。这样的特色产业带直播基地，还有崂山家电产业带、平度美妆睫毛产业带、胶西劳保用品电商产业带等，它们成为助推当地乡村振兴的新引擎。

(二)特色活动介绍

网络视听作为文化产业的新兴领域，正处于蓬勃发展的战略机遇期，作为当下最具活力、最具潜力的传媒领域，已经从单一的内容行业向互联网基础应用发展，从提供文化娱乐向赋能创业就业、促进实体经济深化升级。2023年山东省有关主管部门与各地市融合发力，举办了中国网络视听精品创作峰会、第二届山东网络视听大会暨首届山东网络直播嘉年华、“中国梦·齐鲁情”山东省第十届原创网络视听节目大赛等网络视听综合性大型活动。此外，各地市聚焦直播电商新风口，举办了“共享视听　公益助农”活动、2023菏泽网络消费节等融合地域特色的电商直播活动，有效带动了区域经济发展。依托功能融合、服务多元、优势独具的特色活动项目，搭建平台，促进网络视听产业链上下游对接，推动网络视听全产业链协同发展。

1.大型主题活动

2023年7月4—6日，第二届山东网络视听大会暨首届山东网络直播嘉年华活动在临沂市举办。作为全国第一个省级层面举办的网络视听行业大会，大会力求突出网络视听行业特点，采取线下线上相结合的方式组织，以线下活动为主，设置了开幕式、高峰论坛、网络直播嘉年华和多个特色活动。大会聚焦“融汇大视听·谱写新华章”主题，搭建了网络视听政策宣讲平台、精品展示平台、业务交流平台、产业聚合平台。大会广邀行业专家学者，宣传、网信等部门负责同志，爱奇艺、优酷、腾讯视频、芒果TV、抖音、快手、哔哩哔哩等国内头部视听平台负责人，以及省内各级广播电视、网络视听机构代表参会。围绕网络视听助力文化传承发展、大视听产业格局与趋势、全媒体价值观念、ChatGPT等新兴技术发展、短视频与文旅资源融合等主题，深入展开交流探讨，并积极促成在内容创作、技术创新、平台传播等方面的全方位合作，有力促进山东省网络视听行业高质量发展。

2.文旅推介活动

2023年是文旅产业加力复苏之年。山东省坚持以创新求突破,以提质谋发展。年初,山东省印发《关于促进文旅深度融合推动旅游业高质量发展的意见》,明确提出加快发展智慧旅游,推进5G、人工智能、扩展现实等新技术广泛应用,在提升旅游服务质量、拓展文旅新场景、创新发展未来业态等方面形成新举措。

各地市创新文旅推介形式,借助各大视频平台、社交媒体渠道,以更立体、更生动的形式展示齐鲁大地自然风光、人文景观、历史文化等各方面的旅游资源。

2023年年初,淄博烧烤在社交媒体"出圈",吸引了全网关注。年中,淄博市有关部门将快手618购物节万事大集IP与淄博烧烤元素相融合,联合推出"快手618万事大集",通过快手平台直播介绍火爆全网的淄博烧烤,并向更多人发送了淄博的"美味邀请"。接地气的具象化展示与网络场景营销融合,营造本地特色生活场景,进一步将淄博烧烤塑造成具有强烈仪式感和场景感的城市文旅IP。

2023年9月26日,2023滨海区第十季网红游滨海活动在潍坊滨海国际风筝放飞场举办。活动以"到潍坊滨海看风筝"为主题,邀请"董嘎嘎""百花香帅""行者马健"等网络达人30余名参加,通过直播、短视频、摄影等方式带领粉丝深入体验潍坊国际风筝嘉年华、潍坊(国际)风筝文化产业交易博览会、潍坊优质农产品展等盛况。

3.助农推广活动

2023年山东省政府工作报告明确指出线上和线下融合促进,开展品质鲁货网购节活动,深化电商"三个十"计划,打造一批电商产业带。2023年山东省内各地市有关主管部门因地制宜,依托各类网络渠道,创新开展助农推广活动,拓展当地农副产品线上线下销售渠道,通过好品助销、产业带动,打造齐鲁品牌,引领城乡企业、农民致富增收,共赴乡村振兴实践,共享乡村振兴成果。

2023年7月22日,2023菏泽网络消费节在曹县万亩荷塘风景区举办,以"'荷'你有约·电商同行"为主题。同日,曹县第五届荷花节·电商节同步启动。此次网络消费节,聚焦特色产业和重点消费领域,选品涵盖服饰、家电、食品、家具等十余个大类、百余个品牌、千余种产品。借助网红经济、直播经济，创新消费场景，打响“菏泽优品”名号，带动电商创业，释放市场活力。同时，宣传故道旅游品牌，展示“山东手造”非遗展演、万亩荷塘风景区、八里湾风景区等文旅资源，助推当地文旅振兴。

诞生于“影视之都”青岛西海岸新区的乡村振兴题材清新田园剧《温暖的味道》，融入了直播、美食等时尚元素，带火了海青茶等地方特色产品和文化，展示出了网络视听助力乡村振兴的独特作用和巨大潜力。2023 年 8 月 24 日，“共享视听　公益助农”直播活动在青岛西海岸新区东方影都会议中心、东方影都大剧院举行。活动现场汇聚了胶南年画、麦草画等特色非遗项目和紫斐酒庄果酒、明月五彩文旅、青岛鲁海丰食品、青岛伊洲啤酒、老尹家海参等青岛本土及各地优质农副产品资源，邀请助农主播、电商达人、农副产品商家参与，通过线上直播进行公益助农的推广与销售，以视听资源助力乡村振兴。

4.内容创作活动

在新时代网络视听精品创作的方向原则上，山东省有关主管部门坚持把牢政治方向，强化价值引领，推进文化“两创”，坚持人民立场。近年来不断探索路径方法，提升新时代精品创作能力水平，在管理服务上求进，在规划谋划上求深，在内容制作上求精，在融合发展上求新，力求打造更多更好的网络视听精品节目，进一步擦亮“网络鲁剧”品牌。

2023 年 8 月 24 日，中国网络视听精品创作峰会在青岛西海岸新区启幕。此次峰会是网络视听创作传播领域规格最高、规模最大、阵容最强、影响最深的国家级活动。峰会聚焦“共享大视听·精品赢未来”这一主题，举办主论坛、9 个分论坛和 18 项特色活动，涵盖政策发布宣讲、行业先进示范、精品展播展映、产业合作签约、业务交流研讨、内容版权交易等内容。国家广播电视总局组织相关部门发布了《网络视听创作发展态势分析与政策方向》《网络视听精品内容大屏交互平台实践》《网络视听视频命名及技术质量相关标准介绍》等一系列政策及研究成果。峰会现场还搭建了智能视听沉浸式体验展区，灵活运用“技术＋艺术”的全新形式，充分展示元宇宙、AI、AIGC、5G、VR/AR 等赋能内容创作的前沿技术，体现网络视听科技含量高、内容充实、形式新颖的特质。[①]

2023 年 7 月 5 日,山东网络视听精品创作座谈会在临沂召开。专家学者代表,省直协审单位负责人,爱奇艺、优酷、腾讯视频、抖音等头部平台代表,重点制作机构代表等 120 余人参会。与会代表分析了近年来山东省网络剧片精品创作取得的成绩以及存在的问题,对选题规划、剧本孵化、服化道设计、拍摄及后期制作、打造精品等方面提出了一系列指导性建议。同时,对网络剧集上线播出需求及发展方向、重点剧目储备及创作情况进行了深入研讨。

(三)特色网络视听渠道介绍

1.联动头部网络平台

山东省积极推动头部网络平台合作联动,共享数字化红利。依托头部平台的资源整合能力,在精品创作、产销对接、品牌推介等方面开展战略合作,通过打好视听发展组合拳,培育消费扩容,打造视听新动能。

2023 年,优酷全资子公司乐酷匠心(济南)影视文化有限公司落地济南。这是继爱奇艺在济南落地后,国内又一个视听平台巨头在山东落地。截至 2024 年 1 月,全省影视制作机构达 2191 家,同比增长 28%。

临沂市充分发挥政策优势,截至 2023 年年底,抖音、快手、京东、阿里巴巴等头部视听、电商平台均进驻临沂。在直播电商培育、城市宣传、产业赋能等方面平台进行深度合作,既宣传推介临沂好品好物,助力本地主播创新创业,也在当地实现业务发展壮大,达到双赢效果。

2.打造特色营商生态

山东省有关主管部门积极深化“放管服”改革,持续优化营商环境,吸引优秀网络视听内容机构和文艺工作者来到山东,推动大视听产业活力迸发,塑造“拍好剧、来山东”的良好口碑。

2023 年 4 月,山东省广播电视局上线“齐鲁嗨拍”电视剧拍摄制作在线服务项目。该项目对全省 16 个城市 50 个主要影视拍摄基地、资源和服务保障等进行系统梳理整合,通过场景库、机构库、政策库、创作者库、案例库、

① 潘超,毛道光,赵怡然.全国首个！这项国家级活动缘何落地青岛？[EB/OL].(2023-08-25)[2024-03-18].https://baijiahao.baidu.com/s? id=1775190359554198220&wfr=spider&for=pc.

摄制保障库、活动库7个模块，提供政策咨询、事务协调、拍摄取景、服化道美、人才服务等规范化、标准化和专业化服务。[①]“齐鲁嗨拍”以微信小程序形式呈现，链接各地电视剧服务相关信息，通过手机即可实现在线勘景、实时查询、业务交流、联系服务。“齐鲁嗨拍”为各大剧组在山东创作更多优秀影视作品提供了保障，将进一步助推山东影视服务行业高质量发展。

① 黄靖斐.助推时代精品赋能影视发展，“齐鲁嗨拍”影视拍摄在线服务项目上线[EB/OL].(2023-04-07)[2024-03-18]. https://baijiahao.baidu.com/s?id=1762535127920318724&wfr=spider&for=pc.

第四章　网络热点案例

一、《派兵去山东》案例解析

在纪念毛泽东同志诞辰130周年之际，由中共山东省委宣传部、山东广播电视台联合摄制的大型文献纪录片《派兵去山东》于2023年12月27日起在山东卫视陆续播出。《派兵去山东》共五集，分别为《战略决策》《铁流入鲁》《艰苦鏖战》《发展壮大》《走向胜利》，每集45分钟（见图4.1）。

图4.1　《派兵去山东》播出时间

（一）创作背景

1938年9月，毛泽东在中共中央六届六中全会上作出了“派兵去山东”的战略决策。此后，八路军主力陆续进入山东，与山东地方武装并肩御敌，山东抗日根据地逐步发展成为全国唯一的基本以一省为范围的敌后抗日根据地。

“派兵去山东”，是党早有酝酿的战略设想。

首先，山东是兵家必争之地，具有十分重要的战略地位。1937 年 12 月，国民党山东省政府主席韩复榘在日军进攻面前望风而逃，致使山东 15.3 万平方公里的大好河山轻易沦于敌手。其次，山东已有 4 万名八路军武装。在山东沦陷日军之手之前，中共山东省委秘密制定了山东各地发动武装起义的计划。从 1937 年 11 月起，延安派来的我党干部陆续到达山东，与当地党组织先后在多地发动了武装起义，并于 1938 年底成立八路军山东纵队。再次，国民党的势力更大。山东各地地主豪绅、土匪兵痞也趁机拉队伍、抢地盘，“司令”多如牛毛。1938 年 1 月，沈鸿烈出任国民党山东省政府主席，影响或控制了大小股武装共达 15 万人，在数量和装备上都超过了山东八路军武装。在这种情况下，山东八路军要负起抗战的责任，建立巩固的根据地，没有一支主力部队作为骨干，是不行的。1938 年 4 月，黎玉远赴延安，向毛泽东汇报，要求派一个主力团去山东。毛泽东早已经高瞻远瞩地洞察了山东的形势，说：“看来还要多去一些。”

“派兵去山东”，不仅对山东抗日根据地发展产生了至关重要的作用，也使山东成为全国抗战到底的重要战略基地，以及夺取新民主主义革命全国胜利的重要战略枢纽。

1938 年夏，党中央下令八路军第 115 师第 343 旅第 685 团第 2 营发展组成的永兴支队（支队长曾国华）和第 129 师工兵连与抗大分校 48 位干部发展组成的津浦支队（支队长孙继先），先后进入山东北部的冀鲁边区。他们成为八路军主力部队进入山东的前锋。随即，党中央又决定调第 343 旅政委萧华率一批干部去冀鲁边区，统一领导那里的武装斗争。对此，时任 115 师政委的罗荣桓极为重视，迅速抽调了一批干部随萧华前往，其中有补充团团长邓克明、政委符竹庭和第 343 旅政治部的周贯五、王辉球、王叙坤、刘贤权等 100 余人。1938 年年底，又派罗荣桓和陈光率八路军 115 师主力入鲁。按照军委部署，在罗荣桓、陈光率领下，八路军 115 师师部和第 686 团从晋西灵石县双池镇出发东进。部队冒着纷纷大雪，越过敌人封锁的汾河和同蒲路，翻越白雪皑皑的绵山，跨越日军多道封锁线，行程 1500 多公里，于 1939 年

3月进入山东,从此开始了波澜壮阔的山东抗战。1940年10月,由八路军第115师第343旅补充团发展起来的晋西支队(陈支队)在陈士榘带领下进入山东。

纪录片《派兵去山东》以毛泽东重要战略思想为主线,围绕毛泽东高瞻远瞩的战略决策和山东抗日根据地艰苦卓绝的斗争实践,全面再现山东的抗战历程。这部纪录片具有全局思维,站在全国看山东,站在山东看全国,从“派兵去山东”重大决策背景下和全国抗战大局中聚焦山东抗战,从军事、政治、文化、经济等各方面反映根据地发展。整部作品视野开阔、挖掘深入、史料翔实、故事感人、鲜活生动,充分展示了革命战争年代山东军民对中国革命的重要贡献,对弘扬伟大抗战精神和沂蒙精神、传承红色基因、赓续红色血脉将起到重要的作用。“欲知大道,必先为史。”《派兵去山东》作为一部重大题材电视纪录片,着眼全民族抗战大局,全景式展现“派兵去山东”重大决策提出的背景、过程及其成果具有重大意义,对于我们了解历史、坚定信念、凝聚力量有着十分重要的意义。

(二)幕后故事

为了做好这部纪录片,《派兵去山东》的主创们查阅无数图书、资料,奔赴各地采访调研,在博物馆、展览馆、纪念馆到处搜寻有价值的视频、资料,整理出近千张珍贵的历史照片。纪录片《派兵去山东》编导岳跃山表示,当他在莒南县采访时,刘永良的故事令他感动不已。刘永良积极送子参军参战,把大儿子刘福林、二儿子刘孟林、三儿子刘洪林相继送到部队。在残酷的战争岁月里,刘永良的三个儿子先后于1946年、1947年、1950年牺牲。身为烈士家属的刘永良在晚年本应得到政府的照顾,但是他却说:“给国家添麻烦,对不起我牺牲的儿子。”平实的语言表达出了最真挚的情感,打动着我们每一个人。

(三)运作模式

《派兵去山东》纪录片主要于山东卫视播放,采用“卫视播放+网络宣传”模式,闪电新闻、威海新闻网、央视网、山东宣传网、德州新闻网等多家媒体予以宣传支持,并实时发布《派兵去山东》纪录片上线更新情况,以纪念毛泽东同志诞辰130周年,呼唤观众致敬革命先辈不忘历史。

该纪录片宣传的重点在于结合历史、回顾历史，为观众讲述“派兵去山东”这一重大战略决策中，由罗荣桓和陈光率领八路军 115 师主力离开山西开赴山东的历史。经过 7 年的发展，到 1945 年抗战胜利时，山东根据地成为党领导的敌后根据地之首，八路军武装达到 30 多万人，控制 80 多个县，山东一大半的地方被罗荣桓领导的八路军武装所控制。在长达十多年的抗日战争和解放战争中，约有 120 万沂蒙儿女拥军支前，20 万人参军参战，10 万名将士血洒疆场……在中国共产党的领导下，沂蒙人民与山东党、政、军一起，共同铸就了水乳交融、生死与共的沂蒙精神。在完成了这一重要历史事件的科普后，山东广播电视台纪录片中心还在其创建的纪录视频号中发布标题为《将帅后代情系齐鲁，寄语〈派兵去山东〉》的视频，视频中罗荣桓之子罗东进、徐向前之子徐小岩、萧华之子萧云、罗荣桓之女罗北捷分别阐述了“派兵去山东”这一战略的重要历史地位。罗东进认为，山东抗日根据地地理位置的重要性在该纪录片中展现了出来。吴岱之子吴志民认为，把《派兵去山东》这部纪录片拍好、记录好、传播好，是落实、搞好红色文化传承的重要举措，能够教育后代，弘扬革命精神，传续红色血脉，是留给后人很好的启示。在视频最后，将帅后代们表达了对《派兵去山东》这一纪录片的美好祝福，为纪录片的宣传增添红色基因与精神助力。

（四）行业评价及受众反馈

中共山东省委宣传部非常重视《派兵去山东》的创作，将其列入“齐鲁文艺高峰计划”，国家广播电视总局也将其立项为“重大理论文献电视片”。中共北京市石景山区区委常委，曾两次荣获北京军区“先进工作者”、两次荣立三等功的吴志明先生，在一篇采访中说道，2023 年 8 月 25 日，山东广播电视台为录制该纪录片，摄制组专程来请教老先生当年的作战细节，老先生衷心祝愿这部纪录片能够顺利完成，成功上线。在各方面的关心支持下，摄制组克服时间紧、任务重等困难，全力以赴投入创作，确保片子按时优质创作完成。国家广播电视总局重大理论文献电视片创作领导小组专家组审看后给予很高评价，认为这部作品“总体非常好，对全国抗战爆发直至全面胜利的历史过程进行了全面扫描，历史关键节点的重大决策和重要事件都包含其中，对山东军民在抗战中表现出来的抗敌精神和英勇不屈、军民同心的精神风貌都有很好的展现，一些经典的战例和具体的事例也写得非常感人，是一部优秀的理论文献电视片”。

闪电新闻自 2023 年 12 月 27 日起发布《派兵去山东》上映情况，每篇文章阅读量都超 20 万次，受众对于《派兵去山东》纪录片反馈良好，不少评论表示“致敬革命先辈，不忘历史”，该纪录片上线后引发观众对先辈的敬佩和对历史的敬畏，同时，该片上映后，收视率在省级卫视晚间自办节目中排名第八，占据 1.03%的市场份额(见图 4.2)。

图 4.2 《派兵去山东》剧集推文阅读量及相关评论

二、《大泰山》案例解析

在中共山东省委宣传部的精心指导和大力支持下，由山东广播电视台联合有关部门共同策划出品的大型人文历史纪录片《大泰山》正式推出。该纪录片可在中国纪录片网等视频平台上在线观看。这部纪录片不仅得到了政府层面的高度重视，而且汇聚了多方力量的合作与智慧。凭借其深厚的文化底蕴和丰富的历史背景，《大泰山》赢得了广泛关注和好评，成为传播中华文明精神和文化精髓的重要载体。

山东广播电视台推出的纪录片《大泰山》通过影像艺术，将有形的泰山与无形的泰山文化和精神相融合。该纪录片不仅全面、系统地介绍了泰山的历史渊源和文化流脉，而且通过视听影像形式，深入地诠释、展示了泰山文化和泰山精神的内涵及其影响力。整部纪录片从泰山的形态深入到泰山的灵魂，既是一部关于泰山的影像志，又像是一部泰山文化的百科全书，充分展现了山东在地域文化资源上的自信与自强（见图 4.3）。

图 4.3　《大泰山》第 1 集河山元脉

（一）播放量

自《大泰山》播出以来，其独特的视角和深刻的文化内涵迅速吸引了广大观众的关注。该纪录片首播后，相关短视频的阅读量在第二天就超过了 1.5 亿次。这一惊人的数字既证明了《大泰山》在观众中的广泛影响力，也反映了其在社交媒体和网络平台上的高讨论度和分享率。[①]

此外，纪录片的热播还带动了泰山旅游的热潮。截至 2023 年 11 月 30 日，泰山累计接待游客 853.35 万人次，刷新了历年游客量的最高纪录，往年的最高纪录为 2015 年的 455.97 万人次。这一数据的显著增长，无疑与《大泰山》的播出有着直接的关联，纪录片的播放不仅提升了泰山的知名度，而且激发了人们对泰山自然美景和文化价值的探索欲望。

《大泰山》的播放量和观众反响，体现了作品本身的高质量和艺术魅力，也展示了纪录片作为一种文化产品在现代社会中的传播潜力和影响力。通过电视屏幕和网络平台，这部纪录片成功地将泰山的故事和中华民族的精神追求传递给了国内外的广大观众，成为文化交流和传播的典范。

① 《大泰山》荣获 2023 年度中国影响力十大纪录片[EB/OL].（2023-12-08）[2024-06-30]. https://www.sdxc.gov.cn/sy/xcdt/202312/t20231208_13282389.htm.

（二）受众反馈

纪录片《大泰山》凭借其出色的制作水平和丰富的文化内涵，赢得了观众的高度评价和广泛关注。观众在节目中找到了情感共鸣，对泰山的历史和文化有了更深刻的理解和认知。社会各界的积极反映和广泛传播，使《大泰山》成为一部兼具观赏性和传播力的优秀文化作品，展示了中华文化的独特魅力和深厚底蕴。许多观众表示，观看节目后，他们对泰山的历史和文化有了更深的理解和认知，增强了对传统文化的兴趣和热爱。

社会各界对《大泰山》的反响同样热烈。节目播出后，众多网友通过各大媒体平台对该纪录片进行传播，迅速在社交媒体上引发热议，相关话题阅读量和讨论度均达到高峰。这不仅展示了节目的广泛影响力，而且表明了观众对中国传统文化的浓厚兴趣和积极参与。一些观众在社交媒体上分享了他们的观后感，表达了对节目的喜爱和感动，称节目中的历史人物和故事引发了他们的情感共鸣，使他们对泰山的敬仰之情更加深厚。

《大泰山》不仅在国内赢得了观众的广泛赞誉，而且在国际上产生了一定影响，彰显了中华文化的国际传播力和吸引力。节目通过生动的故事、精美的画面和深刻的文化内涵，成功地将泰山这一中国文化的象征传递给了全球观众。

（三）运作模式

该纪录片采用分集介绍的形式，每集由一位导演围绕一个主题，从不同角度揭示泰山及其文化。这种方式不仅利用了现有的文献资料和史料信息，而且进一步挖掘和诠释了泰山历史及文化的当代价值，使对有形的泰山的介绍逐步深入到对无形而博大的泰山文化和精神的解读。

全片的第一集《河山元脉》从泰山的地理自然因素入手，将泰山的自然起源与人文渊源结合起来，为全片奠定了叙事基调。接下来的《若登天然》和《与国咸宁》两集，从典故和史实的角度揭示了泰山的历史地位和文化内涵。第四集《登高必自》以泰山石刻为切入点，阐述了泰山之美中的文化价值。第五集《能成其大》将视点转向海外，介绍泰山在世界范围内的影响力。第六集《国泰民安》聚焦国内，展示了人民群众对泰山的精神信仰，展现了新时代中国人的精神风貌。

《大泰山》不仅立足精英审美视角，而且坚守“以人民为中心”的创作理念，注重将泰山历史和文化的起源、发展与人民的历史贡献紧密结合。片中表现了登泰山的人民群众和坚守岗位的气象观测员、挑山工、皮影艺人、导游等与泰山的关联，展示了泰山文化和精神中的人民价值。此外，该纪录片通过影像艺术记录泰山之形，表现泰山文化和精神，立足中国文艺的人民性立场。通过壮丽的视觉画面、优美的解说词、专家解读和精湛的艺术功力，从有形的泰山触达无形的泰山，为弘扬中华优秀传统文化、发展社会主义先进文化提供了齐鲁样板，作出了山东贡献。

（四）业界影响

纪录片《大泰山》自播出以来，在业界产生了深远的影响。这部作品不仅以其精湛的拍摄技艺和深刻的叙事手法，挖掘了泰山的自然景观与人文精神，而且成功地将泰山的深厚文化底蕴和历史价值传递给了广大观众，同时也在专业领域内引起了广泛的讨论和思考。

在业界看来，《大泰山》的播出不仅是对泰山自然与文化价值的一次全面展示，而且是对纪录片艺术形式的一次创新探索。该片以坚定的文化自信展现了中华文化的精髓和气质风范，这一点受到了国家广播电视总局宣传司副司长刘梅茹的高度评价。她认为，纪录片《大泰山》不仅充满了历史厚重感和沧桑感，而且深刻地体现了泰山作为中华民族共有的精神家园的文化地位，其文化和精神内涵已深深植入国人心中。[①]

纪录片《大泰山》是中华优秀传统文化与现代传媒技术结合的成功案例。北京大学电视研究中心主任俞虹认为，纪录片让人们读懂了泰山，也就读懂了中国。这种评价反映了作品在传递文化价值、增强民族认同感方面的重要作用。[②] 中央文史研究馆馆员仲呈祥认为《大泰山》在弘扬中国精神、中国价值、中国力量方面做出了表率，并且是中华优秀传统文化创造性转化、创新性发展的生动实践。这样的评价不仅肯定了纪录片的艺术成就，而

① 专家好评！纪录片《大泰山》讲好泰山故事，增强中华文明传播力影响力[EB/OL].（2023-01-07）[2024-06-30]. https://mp.weixin.qq.com/s/_PTE5PYF5C72o-_HEBxHUA.

② 俞虹. 新传视角｜俞虹：《大泰山》——读懂这座山，或许就读懂了中国[EB/OL].（2023-01-06）[2024-06-30]. https://www.thepaper.cn/newsDetail_forward_21460603.

且为业界提供了文化传承与创新的范例。①

此外,《大泰山》的成功播出,也为纪录片创作提供了新的思路和方法。它鼓励业界同仁深入挖掘本土文化资源,用现代的视角和手法重新诠释传统文化,使之在当代社会焕发新的生命力。同时,它也启发了业界对于如何更好地利用纪录片这一形式来讲述中国故事、传播中国声音的深入思考。中国社会科学院古代史研究所卜宪群认为,《大泰山》以广阔的视野、宏伟的气势和史诗般的语言,生动地刻画了泰山的历史意义和文化价值。这部纪录片对于高扬文化自信精神,增强伟大担当精神、伟大斗争精神具有强烈的现实意义。②

近年来,山东省把网络视听纳入高质量发展大局,聚焦抓好主题宣传、精品创作、产业发展等任务,不断推出网络视听精品,构建文化传承精品全产业链生态,擦亮"网络鲁剧"品牌。山东高度重视网络视听精品创作生产,通过不断加大题材引导、创作扶持、播出推介、评优奖励的力度,吸引全国各地的头部平台、头部机构来山东落地生根,并扎根齐鲁。③ 目前,山东省已推出一批主题鲜明、题材多样、形式新颖、内涵丰富、向上向善的精品创新力作,以"润物细无声"的方式讲好中国故事,依托网络视听宣传中华优秀传统文化,形成了"拍网剧来山东"的良好口碑。

三、《不完美受害人》案例解析

《不完美受害人》是由山东省广播电视局指导备案,浩瀚娱乐、爱奇艺联合出品,高璇、任宝茹编剧,杨阳执导,周迅、刘奕君、林允领衔主演,钟楚曦特别出演,陈数特别主演的时代洞察话题剧。该剧于 2023 年 7 月 17 日在北京卫视、东方卫视和爱奇艺同步播出。

---

① 仲呈祥.纪录片《大泰山》:壮美泰山的影像画卷[EB/OL].(2023-03-08)[2024-06-30].https://www.scdfz.org.cn/whzh/whpl/content_113011.

② 马帅帅.讲好泰山故事增强中华文明传播力影响力——纪录片《大泰山》受到专家点赞好评[EB/OL].(2023-01-07)[2024-06-30].https://www.thepaper.cn/newsDetail_forward_21463996.

③ 王凯.山东:精心打造"网络鲁剧"品牌[EB/OL].(2023-08-24)[2024-06-30].https://baijiahao.baidu.com/s?id=1775113791657518698&wfr=spider&for=pc.

(一)行业评价及受众反馈

国家广播电视总局节目收视综合评价大数据系统显示,《不完美受害人》全剧每集平均综合收视率 1.247%,成为 2023 年第三季度地方卫视黄金时段收官电视剧收视率第一(见图 4.4)。[①] 该剧融合了刑侦涉案剧、悬疑推理剧、女性剧、心理剧等多种类型剧的特征,关注个体生存及内心世界,实现心理现实化与现实心理化完美结合、自我镜像与集体无意识的非虚构隐喻精细缝合,心理现实主义倾向更加凸显。该剧着力于主人公的主观精神世界,实质上是心灵化的现实。剧集专注于多层次多维度剖析以主人公为核心的性侵受害者精神世界的内心冲突与理性博弈,观众的情绪也随着人物的心理演进跌宕起伏,在窥见人性的同时仿佛与其共同经历了一场人性的蜕变与重生,经历了一场酣畅淋漓的心灵洗礼。

中国视听大数据
地方卫视黄金时段收官电视剧收视率Top20

2023年　三季度

	剧名	播出集数	收视率	播出频道
1	不完美受害人	1-29	0.857%	东方卫视
2	繁华似锦	1-38	0.669%	东方卫视
3	我的人间烟火	1-44	0.567%	湖南卫视

图 4.4　中国视听大数据地方卫视黄金时段收官电视剧收视率 Top20
2023 年三季度黄金时段收官电视剧收视率前三

此外,根据勾正科技对《不完美受害人》的收官数据来看,该剧直点播整体榜单中,收视规模排名第一[②],收官当晚触达智能电视端观众近 1500 万人,观众平均收看超半小时。此外,在观众性别分布上,作为女性题材,该剧女性

① 赖黎捷,颜春龙.真实幻象与自我困境:心理现实主义及其结构性矛盾:评电视剧《不完美受害人》[J].当代电视,2023(10):39-44.

② 勾正科技.勾正影观|收官当晚 1500 万人观看,《不完美受害人》斩获直点播榜第一名![EB/OL].(2023-08-07)[2024-06-30].https://mp.weixin.qq.com/s/M-3_sn7pkWhRMhOse-YbVg.

观众占比约54%,男性观众占比约46%,观众整体年龄层集中在15—29岁,其中女性年龄层集中在25—29岁,男性年龄集中在20—24岁;在地区分布上,《不完美受害人》更加受到二线城市和四线城市观众的追捧,其中山东地区在观众规模上更胜一筹,位列全国第一。

《不完美受害人》是首部在卫视平台和网络平台同步首播的国产网络剧。剧情由一起第三方匿名报警的案件展开,讲述了律师林阚接受嫌疑人成功的委托,凭借出色的职业素养和前置调查,推翻受害人赵寻的刑事指控,但法律事实与个人情感立场产生的冲突令林阚面临前所未有的职业伦理挑战的故事。在剧中可以看到顶级律师林阚的自我交锋、精英男性成功的完美诱导、受害人赵寻的内心煎熬、正义警察晏明的合理质询、成功妻子辛路的有力反问等。紧张的剧情伴随着画面的冲击,不同人物在各自立场下的发声更显戏剧张力,向观众传递着复杂紧密的剧情信息,让事件在多重视角中展现出振聋发聩的深刻意义,吸睛力拉满。该剧以职场性侵案件为切入点,展现了当代职场女性自我保护意识觉醒的过程,弘扬了女性自立精神。

中国广播电视社会组织联合会副会长李京盛认为,这是对现实主义创作的一种深入。他指出:“在我们今天的社会生活当中,这样的事件有可能是在隐秘角落中,可能还具有一定普遍性,这部电视剧体现了现实主义精神的锐度和创作关注社会生活的勇气和力量。”同时,这部剧也让悬疑涉案剧具有了更大的社会性,让观众从悬疑和案件之中看到社会生活性,不仅仅是职场、性骚扰、性侵、家暴,它还有更丰富的人性呈现。

在对电视剧作品进行深入解析的过程中,徐健作为《文艺报》新闻部的负责人,洞察到了剧中人物在探求真相的过程中经历了自我认知的重塑、自我发现的深化以及自我价值的重拾的过程。这一过程,是通过观察他人的生活轨迹、面对困境的坚持及在逆境中的转变,进而开启内心深处的隐秘空间、追寻心灵的真实面貌。编剧通过为角色们提供多样的心理释放机制,揭示了现实表象之下,个体在欲望、权力、贪婪以及懦弱等内在冲突中寻求超越并实现个人价值与尊严再造的过程。中国人民大学新闻学院何天平副教授在评价该电视剧时指出,该剧并未采取煽情或哗众取宠的手法来吸引观众,而是在对案件素材的深入挖掘中表现出了精炼与节制。在审慎而严谨地推敲下，剧情得以逐步展开。故事本身既生动又严肃，情感与理性在角色内心交织，同时也对观众的价值观进行了挑战。观众难以对剧中人物进行简单的是非二元判断，而是被不断激励去进行深入思考。[①]

（二）幕后阵容与创作思路

《不完美受害人》幕后班底阵容十分强大。执导过《梦华录》《在一起——武汉人》《功勋——黄旭华的深潜》的国家一级导演杨阳，以极高的专业素养与审美水准保证了《不完美受害人》的紧凑剧情节奏及质感画面呈现。此次杨阳携手曾创作出《我的青春谁做主》《归去来》等热播作品的著名编剧高璇、任宝茹，以细腻情感与通透视角耐心打磨剧集细节，只为还原剧情案件引发的最真实众生相。创作团队不仅把握故事中现实厚度与人性温度的融合交汇，而且致力于呈现一部制作精良、题材稀缺、立意深刻的时代洞察话题剧集。《不完美受害人》制片人杨立业如此谈及该剧的目的："希望每个人都树立起凭借自己勤奋努力获取成功的强大信念，那么人们就可以在任何时候，面对任何侵害勇敢地说'不'。正是对真相的坚守、对正义的追寻、对侵害勇敢说'不'的呼吁，让我们这部剧具有更深的社会意义。"该剧深刻剖析了当下社会议题，梳理性侵害、家暴、网暴、精神打压等敏感话题背后的发生逻辑，直面人性多元复杂，用犀利思辨的剧作基调展现社会现象发生背后本质是强者对弱者的权力倾轧，鼓励勇敢发声，创作极具深意。

在现实题材创作领域，如何有效发挥作品在"增强人民精神力量"方面的功能，已成为主创团队面临的重要课题。电视剧《不完美受害人》以其独特的视角，深入挖掘社会与时代背景下的普通人生活，细致入微地剖析每个"受害人"的"不完美"之处，从而成功引发了不同年龄层次观众的广泛关注和思考。中国视听大数据统计分析，在播出期间，《不完美受害人》在平均到达率、忠实度、收视率等关键指标上均位列黄金时段电视剧单频道收视排行榜的前10位。[②] 此外，该剧在酷云直播关注度、灯塔剧集热度、猫眼电视收视排名、Vlinkage电视剧播放指数等多个维度的数据表现也稳居行业前列，

---

① 吴月玲．电视剧《不完美受害人》：面对人性中的灰，营造勇敢说"不"的氛围[N]．中国艺术报，2023-08-16(002)．

② 类型剧如何再创新？《不完美受害人》以时代感和现实性上演普法"突围"[EB/OL]．(2023-07-31)[2024-03-18]．https://mp.weixin.qq.com/s/nkfLRFrGv12fGVnSr_ciWw．

显示出其在受众群体中的广泛影响力和认可度。

这一现象表明,《不完美受害人》在现实题材创作中成功实现了艺术性与现实性的有机结合,通过深入挖掘和展现普通人生活的复杂性与多样性,为观众提供了丰富的精神滋养和思考空间。同时,该剧的优异表现也为现实题材创作提供了有益的借鉴和启示,即在创作过程中应更加注重对普通人生活状态的真实反映和深刻洞察,以更好地发挥作品在精神层面的引领和激励作用。

2023 年 11 月 1 日,该剧获得第 19 届中美电视节年度最佳女主角、最佳女配角、最佳网剧奖项。2023 年 11 月 25 日,该剧获得 2023 爱奇艺尖叫之夜戏剧单元年度优秀剧集奖。2024 年 3 月 28 日,在剧耀东方・2024 电视剧品质盛典上,该剧被授予年度品质榜样剧作奖项。

四、《云襄传》案例解析

《云襄传》是由爱奇艺出品、奇煜工作室匠心呈现,青春你好传媒、完美世界影视联合出品,游达志执导,梁振华、姜大乔、颜西编剧,陈晓、毛晓彤领衔主演的江湖奇谋剧。《云襄传》由济南爱奇艺影视文化有限公司出品,入围第 28 届亚洲电视大奖最佳网络虚构剧情节目/系列,总编剧梁振华入围最佳编剧奖,入选 2023 年第二季度优秀网络视听作品推选活动优秀作品目录。该剧讲述了翩翩公子云襄背负云台门中使命步入江湖,结识了几位好友,众人在云谲波诡的江湖纷争中捍卫仁德与心中正义的故事。

(一)剧集热度与行业评价

该剧于 2023 年 5 月 1 日在爱奇艺、腾讯视频播出,获得了不俗的播出热度和良好口碑,爱奇艺站内热度破 8400,连续 19 天占据爱奇艺热播总榜第一。勾正科技数据显示,2023 年 5 月《云襄传》在点播整体榜单和分平台榜单中日活规模均位于第一(见图 4.5)。

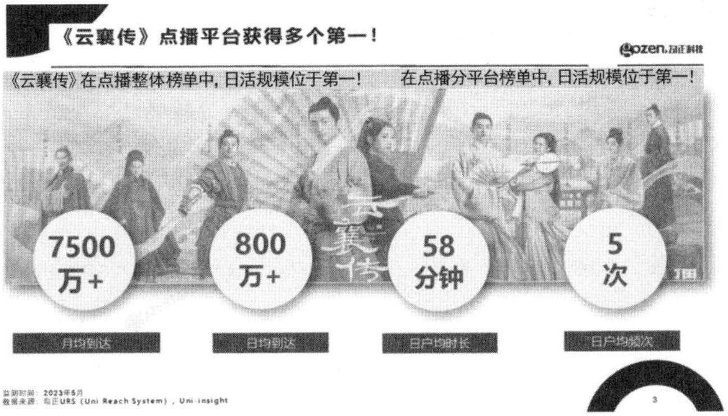

图 4.5 《云襄传》点播平台各数据情况

《光明日报》《北京青年报》《北京日报》《中国艺术报》和澎湃新闻等多家主流媒体围绕"重温江湖梦""传承文化自信""刻画国风文化之美""展现侠义及家国情怀""堪称武侠题材活力之作"等维度，点评剧集制作所带来的创新性、突破性。

(二)用户画像与受众反馈

受众反馈数据中，《云襄传》触达用户稳定，点播平台 5 月触达 OTT 家庭户约 7500 万户，平均每日触达约 800 万户以上，观众平均每日收看一小时左右。此外，勾正科技对《云襄传》用户画像的统计显示，《云襄传》观众以女性为主，年轻观众约占近 7 成。其中，15—44 岁群体无论日活规模还是收视总时长均占据 67%左右的贡献，其中 15—24 岁群体贡献最大(见图 4.6)。根据用户反馈来看，《云襄传》播出期间舆论热词讨论度最高的几个关键词是"云谲波诡""质感""江湖""温暖"等。《云襄传》对古风的继承脱离了浅表的视觉符号表达，而是进入中国传统思潮的贯通之中，以新武侠为中心交织的反转剧情，印证了该剧在底层逻辑上对武侠剧做的创新吸睛奏效。

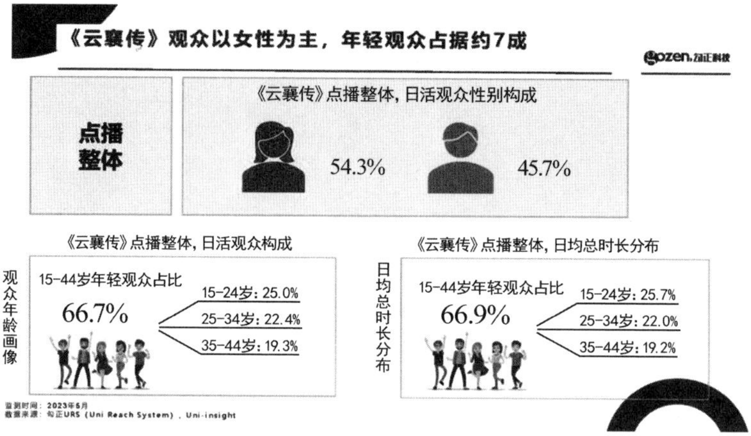

图 4.6 《云襄传》用户画像

根据德塔文电视剧数据库的统计数据，电视剧《云襄传》自开播以来，在爱奇艺和腾讯视频两大平台上的热度持续攀升，不断刷新站内热度的纪录。德塔文景气指数也呈现出明显的上升趋势，首播当日即突破了 1.0 的基准线，显示出强劲的市场表现和观众反响(见图 4.7)。

具体来看，在开播的第三天，《云襄传》的景气指数就突破了 1.8，显示出其在观众中的高关注度和讨论度。随着播出周期的推进，该剧的景气指数在播出过半时已经突破了 2.0 的大关，登顶德塔文电视剧景气指数排行榜，显示出其在同期播出剧目中的突出表现和竞争优势。此外，根据德塔文的统计数据，该剧在播出期间已经多次登顶景气指数排行榜，成为同档期剧目中的佼佼者。这一现象反映出《云襄传》在剧情、制作、演员表现等多个方面都得到了观众的认可和喜爱，其成功经验值得业界同行学习和借鉴。

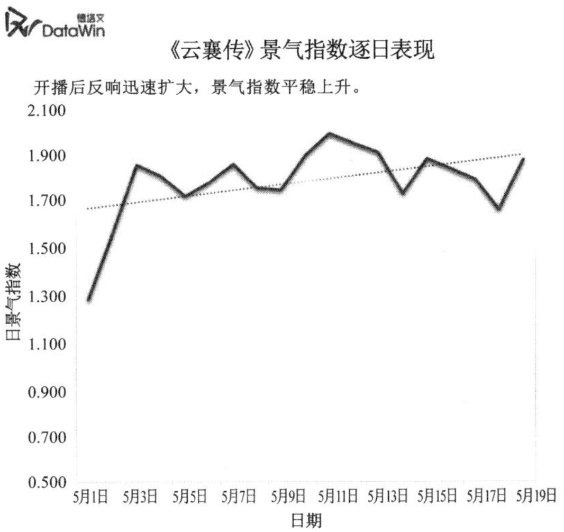

图 4.7　《云襄传》德塔文景气指数逐日表现

（三）创作思路与内容特点

《云襄传》依托网络视听宣传中华优秀传统文化，是“讲好中国故事”的生动实践。武侠剧作为中华民族电视剧艺术的瑰宝，其独特的故事脉络与角色设定深受梁羽生、古龙、金庸等武侠宗师的作品影响，它背后蕴含的武侠精神，更是可以追溯至古代的经典文献，如《庄子·说剑》和《史记·游侠列传》等。例如在剧中，舒亚男因火烧苏家丝仓诘问云襄何谓云台大义，云襄引用“大仁不仁，至仁无亲”作答，既体现其心机，也是符合人物底色的利己“狡辩”。[①] 古语所言，“义非侠不立，侠非义不成”。在武侠剧中，“义”的诠释与传递始终是其核心精神。这一精神内涵随着时代的变迁而演变，反映了不同历史时期社会意识形态的转型和价值观念的演变。

在《云襄传》中，武侠的精髓被赋予了新的生命。在坚守传统武侠叙事的基础上，这部剧塑造了一个与众不同的智侠形象，他以智取胜，以文抗武，以非凡的才华扭转乾坤。剧中不仅有激烈的生死对决，而且有精妙的商业较量，为观众呈现了一个充满现代气息的“奇谋”江湖。除了刺激的剧情，角

① 德塔文编辑部.《云襄传》：以“新”破局，拓维传统武侠剧[EB/OL].(2023-05-19)[2024-03-18].https://mp.weixin.qq.com/s/_qExVxflwhb91RypFo0pTg.

色的成长和人性的挖掘也是《云襄传》的重点。通过角色的经历,观众得以反思个体的生存境遇,感受到道德和温情的力量。这部作品不仅是对武侠剧的继承与发扬,而且是对人性、道德和时代的深刻探讨。

《云襄传》更为难得的是,不止主角形象鲜活,每个角色都有独立的生动写照。通过主角云襄的故事,串起形形色色江湖人物的各自精彩,不管是英气勃发的舒亚男、侠肝义胆的金十两,还是坏得有型有格的戚天风,江湖各派或为正义,或为权力,或为名利,或为功夫,每人都有自己的心机,汇聚为丰富的人物群像,构成了武侠剧最大的看点,也通过烘云托月的方式,升华了主人公的质感和江湖的浩荡意境。

《云襄传》既承袭了传统武侠文化的精神内核与经典架构,又展现了稳健有力的动作场面与缠绵动人的情感纠葛。它融入了传统文化的古典意境与文人雅致的气质,为观众呈现了一个丰富多彩、韵味悠长的武侠世界。与此同时,《云襄传》亦不满足于传统的框架,它敢于创新,勇于表达,探索了现实主义武侠的创新性表达方式。以人心人性为探索江湖的切入口,从当代视角出发,对人物命运进行了深刻思考,与真实生活形成了紧密呼应。

截至 2024 年,山东省共受理网络剧片规划备案 378 部;25 部完成片获得网络剧片发行许可证,包括网络剧 4 部、网络电影 5 部、网络动画片 2 部、网络微短剧 14 部;山东省已上线备案国产网络视听节目 50 部,其中网络剧 14 部、网络微短剧 14 部、网络电影 17 部、网络动画片 5 部,年度新增互联网视频节目 3.77 万小时。

在数量大幅增长的同时,除了《云襄传》《不完美受害人》之外,2024 年山东省网络剧还涌现出了更多既叫好又叫座的精品。由山东卓格影视传媒有限公司等出品的网剧《黑土无言》在腾讯视频播出后,热度值突破 25000,收获腾讯视频站内总飙升榜、悬疑剧榜、飙升榜“三榜”第一,长时间位居猫眼网络剧热度榜前两名;由该公司出品的另一部网剧《破茧》(第二季)于 5 月 21 日在优酷上线播出后,5 日内有效播放量超 4600 万次,单日有效播放量高峰超 1110 万次,长时间位居优酷剧集排行榜第二、悬疑剧排行榜第一;由荆棘鸟文化传媒(青岛)有限公司等出品,高群书监制,赵冬苓执笔的《沙尘暴》已获得网络剧片发行许可证,有业界人士预料该剧或成为西北版《漫长的季节》,非常值得期待。由潍坊发生影业有限公司等出品的古装中医题材网剧《天书黎明》取材新颖、制作精良，已获得网络剧片发行许可证，将在优酷独家播出。[①]

接下来，山东省将继续充分挖掘山东特色文化资源，深入实施"网络鲁剧"品牌工程，启动精品创作行动计划，塑造圣贤名人IP，不断推出更多文化精品，聚力科技赋能，壮大网络视听数字引擎，强化"思想＋技术＋艺术"的理念，加快推动内容生产、传播、运营全链条变革。山东省广播电视局将继续深入贯彻落实习近平新时代中国特色社会主义思想和党的二十大精神，深入学习贯彻习近平文化思想，以网络视听精品凝聚团结奋斗的磅礴力量，奋力走好新征程，同心共筑中国梦。

五、《中国青年：我和我的青春》案例解析

在国家广播电视总局网络视听节目管理司和山东省广播电视局的精心指导下，由中国青年报社与共青团中央网络影视中心联合出品的网络电影《中国青年：我和我的青春》，汇聚了青年导演周润泽、林珍钊、王晟赫的才华，以及正能量偶像张艺兴、王一博、周冬雨的星光。这部作品分为"旗帜""看见""寻找"三个单元，以青春奋斗为核心主题，通过志愿垦荒、西部支教、公益助学三个生动的叙事单元，展现了不同年代中国青年在时代精神的激励下，坚守理想、怀揣信仰、奋勇前行的感人故事。该片以青春奋斗为纽带串联起不同年代、不同地区的平凡青年，他们怀揣信仰，在各自的领域中发光发热，成为时代的"平民英雄"。电影的创新性表达与当下社会紧密相连，挑战了传统主旋律电影的模式，为观众呈现了一场别开生面的电影美学盛宴。《中国青年：我和我的青春》以其深刻的内涵、新颖的叙事手法和强烈的时代感，赢得了观众的广泛赞誉，成为一部激励人心、影响深远的佳作。

（一）创作背景

《中国青年：我和我的青春》以北大荒开发时期农垦队员的故事为开端，讲述青年学生奔赴荒芜地区、把荒地变为粮仓的开拓故事；以西部大开发时期支教老师的故事为中轴，讲述毕业生扎根大山、传播知识与希望的支教故

---

① 山东广电."网络鲁剧"创作生产呈现良好发展态势[EB/OL].(2024-06-26)[2024-07-04]. https://mp.weixin.qq.com/s/_SO32ga0gHvN1wYj_tuxag.

事;以社会主义新时代知识青年的故事为结尾,讲述普通自媒体实习生坚守原则、接力传递善意的公益故事。这三个故事依次呼应我国社会主义革命和建设时期、改革开放和社会主义现代化建设新时期与中国特色社会主义新时代,以农垦队员、支教老师与知识青年这样的小视角为切入口,展现时代大潮中中国青年的人生选择与价值坚守。对于新时代的青年群体而言,北大荒开发、西部大开发等或许只是在书本与新闻报道中听到,这些国家发展的重要时期与重要战略举措具体涵盖什么、青年群体在其中起到了什么作用、当时的事迹与精神对现在和未来有什么意义,知之甚深者不多。网络电影作为视听作品主题宣传的重要组成部分,在增进传播、发挥影响方面的作用重大。①

(二)播放平台数据

电影《中国青年:我和我的青春》自 2023 年 5 月 1 日上线以来,在腾讯视频、爱奇艺和优酷三大网络平台同步播出。影片以其深刻的主题和拼盘式叙事模式迅速引起观众的广泛共鸣和热烈讨论,各大主流媒体纷纷对此进行深入报道,热情高涨。

影片在各大平台上的表现同样令人瞩目。在优酷平台,该片获得了 9.0 的高评分,优酷·历史最高热度达到了 4231,位列电影热搜榜第二;在爱奇艺平台,该片的历史最高热度达 5024,曾位列爱奇艺电影飙升榜榜首;在腾讯视频,该片历史最高热度达 15928。此外,猫眼平台的开播首日热度高达 9473.12,荣获猫眼热度日冠(见图 4.8)。该片在年轻影迷中产生了深远影响,实现了显著的社会效应,成为一部广受好评的佳作。

---

① 索东汇.【文艺评论】《中国青年:我和我的青春》鼓舞青年与时代同呼吸共命运[EB/OL].(2023-05-05)[2024-03-16].https://mp.weixin.qq.com/s/KUXEpPLAUXUUK6PphoCqWQ.

图 4.8 《中国青年：我和我的青春》猫眼热度

《中国青年：我和我的青春》以青春为号，在生产创作方面精益求精，通过描绘不同年代、不同人物的不同人生经历，谱写出一代又一代青年坚定信念、矢志奋斗的青春之歌，展现出不同年代青年群体的青春风貌。《中国青年：我和我的青春》在 2022 年举办的微博电影之夜活动中被评为年度最受关注影片，标志着中国网络电影首次跻身这一重要奖项的角逐，意义重大。

除此之外，影片在 2023 年第二季度优秀网络视听作品推选活动中，被评为优秀作品；入选 2023 年“弘扬社会主义核心价值观　共筑中国梦”主题原创网络视听节目征集推选和展播活动优秀节目；2024 年，获得第十三届北京国际网络电影节“光年奖”主竞赛单元 · 评委会特别荣誉。一系列荣誉彰显出该影片的艺术与商业成就，同时体现了其传递的青年与祖国共同奋斗、同呼吸共命运的深刻主题和精神。

（三）受众反馈

《中国青年：我和我的青春》是一部深刻描绘当代青年在时代洪流中奋斗与成长的影片。其亮点在于深入挖掘平凡人的故事，捕捉时代变迁中的国家大发展，展现一代代青年的家国情怀。影片由三个篇章构成，展现真实的历史背景和鲜活的人物故事，每个篇章都将热血青年的个人理想与时代发展相融合，用满腔热血谱写一曲曲青春之歌。有观众在豆瓣中评论该电影，“一直都很喜欢‘我和我’系列……这一次《我和我的青春》讲述我们这一代自己的故事，传递出青春的力量与梦想的光芒”。

在类型上，《中国青年：我和我的青春》巧妙融合了灾难、冒险、爱情、音乐、歌舞、喜剧等多种元素，满足了不同观众的喜好。“旗帜”中的农垦队员在极端气候中展现灾难与冒险精神，同时不乏爱情的温暖；“看见”中的支教老师与农村学生之间的互动，既有音乐歌舞的欢快，也有师生情深的喜剧色彩。影迷“sugar 是糖”在豆瓣评论该电影，“……乡村支教带孩子组乐队学音乐走出大山……有点感人，听到小女孩歌声的那一刻，眼泪滑下。音乐确实是有震撼心灵的力量”；影迷“电影上言君”评论该电影，“为了孩子们的歌声给了三星，感动得泪奔了。能走出大山真的值得期待，孩子们都成功了”(见图 4.9)。“寻找”则以写实手法，展现了当代青年对职场的焦虑与迷茫，现实的妥协与理想主义的碰撞，使青年意识形态逐步形成。

平平无奇小垃圾 看过 2023-05-18 18:37:35 湖北 2 有用
奋斗者，正青春！第二个故事好看。

sugar是糖 看过 2023-05-03 23:21:47 湖南 5 有用
三个故事，一个是北大荒驻扎成为全国粮仓，一个是乡村支教带孩子组乐队学音乐走出大山，一个是找出捐助的好心人世界好心人很多爱心传承。第二个有点感人，听到小女孩歌声的那一刻，眼泪滑下。音乐确实是有震撼心灵的力量。

完全心机指南 看过 2023-05-01 20:26:53 北京 6 有用
孩子们那段挺棒的，看到了生命本真的样子，风沙吹过的土地，也能长出迷人的花朵

电影上言君 看过 2023-05-31 13:18:34 天津 13 有用
为了孩子们的歌声给了三星，感动得泪奔了。能走出大山真的值得期待，孩子们都成功了。

图 4.9　豆瓣短评

影片的制作班底实力雄厚，由周润泽、林珍钊、王晟赫联合执导，由俞灏明、邢菲、邓超元等实力派演员主演，以及张艺兴、王一博、周冬雨等特别出

演。青年演员们化身青春执笔人，向观众展现时代青年的精神风貌。王子异、章若楠、邢昭林、俞灏明等青年演员在不同时代演绎时代故事，李琦等中年一代的实力派演员为新人引路护航。中、青、老三代演员的同台出演，碰撞出了精彩火花，展现了不同青春的多面魅力。这部作品不仅是对新时代青年精神的深刻阐述，也是对不同时代青年故事的生动演绎，为观众带来了一场视听盛宴，呈献出了一部精品网络视听作品。

（四）运作模式

《中国青年：我和我的青春》分为“旗帜”“看见”“寻找”三个单元，分别讲述志愿垦荒、西部支教、公益助学三个不同年代的热血青春故事，展现每一代青年都有自己的际遇和机缘，彰显中国青年时刻与祖国同呼吸共命运的时代精神。

“旗帜”融合了灾难与冒险元素，农垦队员面临北大荒的极端气候，既展现了队员之间的相处又有着爱情元素。青年们在荒原里施展拳脚，在希望的田野上辛勤开拓。知青精神诠释了青年们的精神面貌和价值尊严，是这一阶段的集体记忆的主题。在纵向的时间范畴上，知青精神中的“不怕辛苦，敢于担当，求真务实，攻坚克难”如同影片中红旗的暖色调，与满地积雪的阴冷场景形成强烈反差，在凛冽的艰苦环境中传达着不怕牺牲、艰苦创业的信念。

“看见”融合了音乐与歌舞元素，支教老师教授农村学生唱歌，既展现了师生之间的相处又有着喜剧元素。在故事背景上，1993 年，共青团中央决定实施中国青年志愿者行动，次年开展大中专学生志愿者支教活动。这一时间阶段诞生了志愿精神，一直延续至今。“奉献、友爱、互助、进步”的志愿精神体现着独特的向善之美，如同影片中被放置在边远地区贫困环境下的“音乐”这一精神产物，传达出西部支教对于普及教育、撒播文明的重大意义。

“寻找”以写实的手法表现当代青年人对职场的焦虑、现实的妥协和理想主义的碰撞，知识青年寻找资助好人的过程，在迷茫与挣扎中，青年意识形态逐步形成。在故事背景上，1989 年，共青团中央、中国青少年发展基金会发起了以救助贫困地区失学少年儿童为使命的希望工程。2018 年，共青团中央要求全团面向建档立卡贫困家庭青少年提供学业资助和就业援助，助力脱贫攻坚，促进教育公平和社会公平。公益助学这一行动所体现的广博大爱，如同影片中让寒门学子获益却隐姓埋名的善意和义举，展现着代代相传的温暖和力量。

(五)行业评价

中国传媒大学戏剧影视学院基础部主任、教授赵晖评价道，该作品选取富有青春质感的叙事内容，采用类似文学自述体的叙事方式，以及类型元素叠加的表现形式，为观众带来丰富独特的观影体验。创作者通过现实主义和浪漫主义相结合的手法，赋予中国式青春深刻内涵。比如，"旗帜"单元里导演选取红旗作为情感符号，在故事讲述中多次呈现红旗在雪地上飘扬的画面，这既代表那个时代青年人朝气蓬勃、不畏艰险的精神风貌，也寓意青年对理想的执着坚守与热烈追求。

总而言之，网络电影《中国青年：我和我的青春》以影像叙事的方式打开了探索青年精神的审美之门，用诗意表达对"什么才是最好的青春"的主题做出回应：拼搏过、进取过、奉献过的青春是最好的青春；把个人奋斗融入党和人民的伟大事业是最好的青春；时刻与祖国同呼吸共命运是最好的青春。[①]

(六)幕后故事

《中国青年：我和我的青春》中的三个故事，时间和地域跨度较大，如何厘清三个篇章之间的脉络、协调各单元拍摄，让其汇聚成震撼人心的情感力量，是影片创作难点。影片在正式开机拍摄之前，专门组织召开剧本研讨会，来自行业主管部门、高校和科研院所等业内专家学者与出品单位、主创团队从剧本开发、时代背景、故事细节、主题思想等多个维度进行探讨分析，其中明确指出要雕琢故事内容，增强影片的思想性和真实性。据"看见"篇章的主创团队介绍，当时的拍戏条件很艰难，几乎所有的大型设备和车辆都进不去，也想过是否要结合一些特效或者美术的方式进行制作，最后还是决定要深入大山，靠人力将很多设备扛进去，力求给观众还原最真实的支教环

① 赵晖.《中国青年：我和我的青春》：见证青春最美的样子[N].光明日报，2023-06-14(15).

境。“寻找”篇章的主创团队表示很多素材源自真人真事，通过选择身边故事这样的小切口，艺术化创作表达真善美就在我们身边。因为贴近才能走进，因为真实所以才有穿透的力量，三个年代故事全景展现三个时代青年群体的精神气质，让人们切实感受到青春与我们同在。[①]

① 索东汇.【文艺评论】《中国青年：我和我的青春》鼓舞青年与时代同呼吸共命运[EB/OL].(2023-05-05)[2024-03-16].https://mp.weixin.qq.com/s/KUXEpPLAUXUUK6PphoCqWQ.

附录一　2023 年山东省网络视听大事记

1 月

18 日　山东省广播电视局举办 2020—2021 年度山东省优秀电视剧评选活动,《经山历海》《温暖的味道》《您好！母亲大人》《青山遮不住》《燃烧大地》《好雨知时节》《我们好好在一起》《奋勇向前》等 8 部作品被评为优秀电视剧项目。

2 月

20 日　山东视听发展研究中心揭牌成立。

28 日　山东省两部纪录片《大河之洲》《城子崖》获评国家广播电视总局 2022 年第四季度优秀国产纪录片。

3 月

23 日　2022 国际短视频大赛“绽放之夜”暨 2023“新时代·新视界”视听共享全球播映启动仪式在济南举行。

4 月

7 日　助推时代精品赋能影视发展,“齐鲁嗨拍”影视拍摄在线服务项目上线发布仪式在青岛举行。

7 日　中国电视剧创新发展主题交流活动在青岛西海岸新区召开。

9 日　山东省广播电视局召开影视精品创作生产座谈会。

9 日　2023 山东省高新视频创新大赛启动仪式暨 2022 山东省高新视频创新大赛颁奖典礼在青岛举行。

21 日　电视剧《警察荣誉》入选 2023 年中国联合展台重点参展剧集。

29日 山东省4个项目入选第三批国家广播电视和网络视听产业发展项目库。

5月

15日 山东省广播电视局开展“重温奋斗足迹、再创广电荣光”主题党日暨青年干部锤炼党性专题活动。

29日 全省广播电视和网络视听重点工作推进会召开。

31日 国家广播电视总局长杨小伟在青岛调研2023中国网络视听精品创作峰会筹办、网络视听产业发展等工作。

6月

8日 2023山东省高新视频创新大赛校园行(济南站)系列活动顺利举办。

30日 山东省广播电视局和山东省人力资源和社会保障厅印发《山东省广播电视工程技术人才职称评价标准条件》。

7月

4—6日 第二届山东网络视听大会暨首届山东网络直播嘉年华活动举办。

5日 第二届山东网络视听大会、山东网络视听精品创作座谈会在临沂举办。

17日 山东省广播电视局大力推进红色题材电视剧创作生产。

24日 2022年度山东“双百”正能量网络精品评选结果揭晓。

28日 山东省广播电视局召开网络微短剧《中国饭碗之南繁一家人》创作座谈会。

8月

9日 山东省广播电视局组织开展精品电视剧公益展播活动。

15日 全国首位！山东广播电视台男性数字主持人“岱青”来了。

22日 我省4部电视剧获国家广播电视总局备案公示。

24—25日 中国网络视听精品创作峰会在山东省青岛市开幕。

25日 2023年中国网络视听精品创作峰会在青岛开幕。

31日 我省5部作品获国家广播电视总局2023年“共筑中国梦”主题原创优秀网络视听节目。

9月

2日　《山东省智慧广电大视听服务平台技术方案建议书》通过专家评审。

6—7日　2023年山东省广播电视技术能手竞赛暨2023年(第28届)全国广播电视技术能手竞赛预选赛(山东赛区)活动在济南举办。

8日　山东12件作品入选2022中国正能量网络精品。

15日　山东省广播电视局召开全省精品电视剧创作培训班。

19日　山东省广播电视局举行全省广播电视技术能手竞赛暨2023年(第28届)全国广播电视技术能手竞赛预选赛(山东赛区)颁奖仪式。

23日　全省广电系统圆满完成第19届亚洲运动会开幕式广播电视安全播出工作。

10月

13日　山东省广播电视局党组专题传达学习习近平总书记重要指示和全国宣传思想文化工作会议精神。

20日　山东省广播电视局党组理论学习中心组围绕全国宣传思想文化工作会议开展专题学习研讨。

23日　发布关于推荐2023年全国广播电视和网络视听行业领军人才、青年创新人才人选的公示名单。

27日　山东省广播电视监测中心深入学习贯彻习近平总书记关于宣传思想文化的重要指示和全国宣传思想文化工作会议精神。

11月

2日　《现代视听》36篇文章入选学术精要数据库“高影响力论文”。

7—10日　山东省广播电视和网络视听一体化综合监管平台项目荣获王选新闻科学技术奖一等奖。

16日　山东省动画片《丝路》登陆央视少儿频道。

12月

1日　发布第二届“美好山东”短视频大赛获奖名单。

4日　4部网络视听作品获2023年山东省优秀文艺作品奖励。

19日　全省广电新媒体宣传工作会议在济南召开。

27日　山东省广播电视局正式上线统计业务学习动画视频。

附录二　2023年山东省获奖作品名录

2023年度山东省网络视听精品项目名单

（2023年6月）

一、网络剧作品(3部)

《不完美受害人》　报送单位:济南爱奇艺影视文化有限公司

《身份》　报送单位:山东卓格影视传媒有限公司

《黑土无言》　报送单位:山东卓格影视传媒有限公司

二、网络电影作品(1部)

《特战风云》　报送单位:济南翔鹏文化传播有限公司

三、网络纪录片作品(2部)

《齐长城》　报送单位:济南广播电视台

《烟火瑶台》　报送单位:烟台市融媒体中心

四、网络动画片作品(2部)

《汉画故事——人物篇》　报送单位:山东像素数字科技有限公司

《无脑魔女》(第一季)　报送单位:山东大栩动漫设计有限公司、长春知行合一动漫有限公司

五、网络微短剧作品(3部)

《中国饭碗之南繁一家人》　报送单位:山东剧火影视文化有限公司

《木匠奇事》　报送单位:山东满格影业有限公司

《刚刚好》 报送单位:山东布点文化传媒有限公司

六、短视频作品(7 部)

《走在前——沿着总书记的足迹看山东》 报送单位:山东齐鲁壹点传媒有限公司

《苏小妹的儒学之旅》 报送单位:山东广播电视台电视齐鲁频道

《黄河大合唱》 报送单位:山东大学影视文化艺术传播研究中心

《海上山东》 报送单位:山东省互联网传媒集团股份有限公司日照分公司

《我家有诗词》 报送单位:山东龙视天下传媒集团有限公司

《从河说起》 报送单位:济南广播电视台

《见山是山》 报送单位:泰安市文化和旅游局、山东微爱文化传媒有限公司

国家广电总局 2023 年“共筑中国梦”主题原创优秀山东网络视听节目名单

(2023 年 8 月)

一、网络电影

《勇士连》《中国青年:我和我的青春》

二、网络微电影

《老衣的春天》

三、短视频

《奇妙的尼山思想之旅》

《爸爸妈妈,正儿回来了》

2022 年中国正能量网络精品山东视听作品

(2023 年 9 月)

一、网络正能量文字

《23 年,他替 9 位牺牲战友尽孝》,徐魁,山东省委政法委员会、山东省临沂市委政法委员会

二、网络正能量图片

《卫星新闻|万米高空看黄河安澜的山东之变》，李晓云、吕放、王鑫蓉、江昆、杨曼妮、耿晓涵，新华社卫星新闻实验室、新华网思客、新华社山东分社、新华网山东频道

《九女峰的变迁》，张瑞祯、刘赟、丁厚勤、孙翔、谭天、王亚辉，大众网

《画笔描绘强省会发展蓝图　国潮海报传递城市正能量》，张鑫、李慧、邵倚天、赵杰、张一飞、王晓楠，山东舜网传媒股份有限公司

《世界睡眠日|最好哭的睡姿》，李骥，烟台市消防救援支队

《【漫画】“黑话”揭秘“会销”式养老诈骗》，孙非、姜宁、李永超，利津县公安局

《371米高空舞者》，徐可，国网山东省电力公司

《稷下学宫和齐长城系列外宣长图》，于宁、贾维沙、朱筱飞，山东省旅游推广中心

三、网络正能量音频

《奇迹老爸》，高洪生、左晨晓、刘上子，国家税务总局济南市税务局、国家税务总局济南市税务局稽查局

四、网络正能量专题专栏

“吾纪录”抖音账号，徐东、陈晨、吕倩，山东广播电视台

五、网络正能量主题活动

《相见》，《相见》主创团队，大众报业集团融媒体中心

2022全球“云祭孔”活动，《2022全球“云祭孔”活动》主创团队，中国孔子网、济宁市文化传承发展中心

山东省2023年优秀文艺作品奖励名单

（2023年11月）

序号	作品名称	主创单位/人
1	电视纪录片《大河之洲》	山东广播电视台、中共东营市委宣传部
2	舞剧《星河》	青岛市歌舞剧院有限公司
3	节目《我和爷爷踩高跷》	烟台市文联
4	杂技《铁道英雄》	山东省杂技团
5	杂技《弈》	山东省杂技团
6	杂技《木兰归》	山东省杂技团
7	杂技《将别离》	山东省杂技团
8	杂技《圆梦——软钢丝》	泰安市泰山杂技团
9	杂技《韵・花样顶技》	济宁市杂技演艺有限责任公司
10	杂技《梁祝》	济宁市杂技演艺有限责任公司
11	杂技《山之魂——高椅》	济南市杂技团
12	杂技《悟・空——空中吊杆》	济南市杂技团
13	杂技《蓝色梦境》	济南市杂技团
14	杂技《泉城记忆》	济南市杂技团
15	杂技《炫彩车技》	济南市杂技团
16	广播剧《总有星火可燎原》	山东广播电视台
17	网络电影《诛烬枭亡》	山东卓格影视传媒有限公司
18	网络电影《鬼吹灯之南海归墟》	潍坊新片场传媒有限公司
19	网络电影《大理风云之血蝴蝶》	山东小草青青影业有限公司
20	网络剧《一念花开》	山东影视制作股份有限公司
21	网络小说《这个人仙太过正经》	孟醒(言归正传)
22	网络小说《御赐小仵作》	刘卿娴(清闲丫头)
23	网络小说《九天玄帝诀》	郑强(傲天无痕)

续表

序号	作品名称	主创单位/人
24	长篇小说《雪山大地》	杨志军
25	长篇报告文学《河道总督》	杨义堂
26	长篇报告文学《大爱沂蒙》	张一涵
27	长篇报告文学《生命至上》	许晨
28	中篇小说《后海》	阿占
29	中篇小说《流苏》	王昆
30	中篇报告文学《归来》	柏祥伟

附录三　2023 年山东省优秀机构名录

“中国梦·齐鲁情”山东省第十届原创网络视听节目大赛
优秀组织获奖名单
（2023 年 8 月）

1.济南市文化和旅游局（新闻出版广电局）
2.青岛市文化和旅游局（新闻出版广电局）
3.淄博市文化和旅游局（新闻出版广电局）
4.东营市文化和旅游局（新闻出版广电局）
5.潍坊市文化和旅游局（新闻出版广电局）
6.济宁市文化和旅游局（新闻出版广电局）
7.威海市文化和旅游局（新闻出版广电局）
8.日照市文化和旅游局（新闻出版广电局）
9.德州市文化和旅游局（新闻出版广电局）
10.菏泽市文化和旅游局（新闻出版广电局）
11.枣庄市文化和旅游局（新闻出版广电局）
12.烟台市文化和旅游局（新闻出版广电局）
13.山东广播电视台
14.山东省互联网传媒集团
15.山东齐鲁壹点传媒有限公司
16.山东大学

17.山东艺术学院
18.曲阜师范大学
19.山东工艺美术学院
20.山东传媒职业学院

第二届“美好山东”短视频大赛优秀组织单位获奖名单
（2023 年 12 月）

1.青岛市文化和旅游局(新闻出版广电局)
2.淄博市文化和旅游局(新闻出版广电局)
3.东营市文化和旅游局(新闻出版广电局)
4.烟台市文化和旅游局(新闻出版广电局)
5.济宁市文化和旅游局(新闻出版广电局)
6.日照市文化和旅游局(新闻出版广电局)
7.临沂市文化和旅游局(新闻出版广电局)
8.菏泽市文化和旅游局(新闻出版广电局)
9.山东广播电视台
10.山东师范大学